AF619830

COLLECTION

DE

M. LE COMTE DE D***

MACON, IMPRIMERIE PROTAT FRÈRES

*Collection de M. le Comte de D****

MÉDAILLES

GRECQUES & ROMAINES

EN OR, ARGENT ET BRONZE

Dont la Vente aux Enchères publiques aura lieu

A L'HOTEL DES COMMISSAIRES PRISEURS

RUE DROUOT, N° 5

SALLE N° 5, AU PREMIER ÉTAGE

Commissaire Priseur :
Mᵉ MAURICE DELESTRE
27, Rue Drouot, 27

Experts :
MM. ROLLIN & FEUARDENT
4, Rue de Louvois, 4

EXPOSITION PUBLIQUE

Le Dimanche 26 Mai, de 2 heures à 5 heures

VENTE

Les Lundi 27, Mardi 28 et Mercredi 29 Mai

A DEUX HEURES TRÈS PRÉCISES

PARIS
ROLLIN ET FEUARDENT, EXPERTS
4, Rue de Louvois, 4
Même maison à Londres, 61, Great Russell Street Bloomsbury.

1889

CONDITIONS DE LA VENTE

La vente sera faite au comptant.

Les adjudicataires payeront *cinq pour cent* en sus des enchères.

L'expert pourra réunir ou diviser les lots à son gré.

a collection que nous offrons aujourd'hui aux amateurs de monnaies antiques, n'est pas, à proprement parler, une collection suivie, c'est plutôt un choix de médailles fait spécialement au point de vue artistique.

Mais la beauté du style et la conservation absolue n'ont pas été les seuls buts du collectionneur. Il a aussi voulu posséder des raretés de premier ordre, tant grecques que romaines, témoins les nos suivants : 1° Grecques, 12, 15, 19, 35, 40, 41, 43, 48, 59, 60, 61, 66, 73, 74, 75, 80, 81, 82, 98, 100, 101, 108, 111.

2° Romaines, 130, 171, 177, 182, 186, 214, 215, 267, 284, 297, 298, 311, 342, 433, 441, 444, 447, 449, 458, 459, 471, 472, 473, 490, 523, 527, 535, 537, 540, 541, 552, 553, 557, 559, 563, 570, 571, 574, 576, 587, 588, 593, 596, 597, 602, 610, 622, 627.

Pendant trente années il a choisi dans toutes les collections célèbres : Capranesi, Ch. Robert, Wigan, Gréau, Jarry, de

Moustier, Bompois, Racine, Bagot de Londres, de Montigny, Colson, Borghesi, Garthe, d'Amécourt, de Quelen, etc.

C'est une réunion plus variée que la célèbre collection d'Amécourt, on y trouvera d'abord 120 belles pièces grecques, parmi lesquelles des raretés de premier ordre; puis environ 200 romaines d'or capables de rivaliser avec les plus belles médailles des collections d'Amécourt et de Quelen; quelques très belles pièces d'argent et une réunion de grands et moyens bronzes, généralement à fleur de coin, se recommandant aux amateurs par une patine admirable.

Nous avons fait photographier les principales pièces grecques et toutes les romaines d'or du Haut Empire, en regrettant que cette si belle et si intéressante suite de pièces si bien choisies n'ait pas été reproduite en entier pour en conserver le souvenir.

Comme toujours, les appréciations de conservation ont été mises avec la plus scrupuleuse attention, plutôt au dessous qu'au dessus, comme on pourra en juger par les planches.

R. et F.

MÉDAILLES GRECQUES

EUROPE

CAMPANIE

1. **Cumes**. Tête de déesse diadémée.
℞. Légende rétrograde : **KVMAION**. Coquille bivalve et grain d'orge. B. AR.5.

2. **Nola**. Tête de Minerve, à droite, le casque orné d'un laurier et d'une chouette.
℞. **ΝΩΛΑΙΩΝ**. Taureau à face humaine, à droite. B. AR.5.

3. **Nuceria Alfaterna**. *Nuvkrinum Alafaternum*, en lettres osques. Tête nue et imberbe à gauche, avec une corne de bélier sur la tempe.
℞. Dioscure tenant un sceptre, debout près d'un cheval. B. AR.5.

4. **Rome**. Tête d'Hercule jeune à droite, la massue sur le cou.
℞. **ROMANO**. La louve allaitant les deux enfants. T.B. AR.5.

CALABRE

5. **Tarente**. Tête d'Apollon laurée, à droite; devant, **NK** en monogramme.
℞. **ΤΑΡΑΝΤΙΝΩΝ**. Aigle sur un foudre, à droite; dans le champ, **ΑΡ**; à l'exergue, **ΞΑ**.
Beau style. GRAVÉE. F.D.C. AV.2.

LUCANIE

6. **Héraclée**. Tête casquée de Pallas, à droite, le casque orné du monstre Scylla.
℞. ⊢HPAKAHIΩN KAΛ. Hercule debout, à droite, étouffant le lion de Némée; dans le champ, massue et épi(?)
Pièce d'un beau style, mais peu lisible. B. Æ.6.

7. **Métaponte**. Tête de Cérès, à droite.
℞. META. Epi avec sa feuille. B. Æ.5.

8. — ΛEY.......... Tête barbue et casquée à droite.
℞. META. Epi avec sa feuille sur laquelle est posé un oiseau battant des ailes; dessous, AM. B. Æ.5.

9. **Thurium**. Tête de Pallas, le casque orné du monstre Scylla.
℞. ΘOYPIΩN. Taureau cornupète sur une base; au dessous, un poisson. *Très beau style.* GRAVÉE. T.B. Æ.8.

10. **Vélie**. Tête de Pallas, à droite, le casque orné d'un griffon.
℞. YEΛHTΩN. Lion marchant, à gauche. T.B. Æ.5.

11. — Même tête, à gauche; derrière, IE.
℞. YEΛHTΩN. Lion dévorant un cerf. T.B. Æ.5.

BRUTTIUM

12. Tête de Neptune, à gauche; derrière, un trident; dessous, un bucrane; le tout dans un cercle de points.
℞. BPETTIΩN. Amphitrite voilée, assise sur un cheval marin, elle tient par la main un amour; dans le champ, une corne d'abondance; le tout dans une bordure de points. *Très beau style.* GRAVÉE. F.D.C. AV.4.

13. **Croton.** QPO. Trépied en relief; à gauche, une cigogne.
℞. Trépied en creux. B. Æ.6.

14. — ΚΡΟΤΩΝΙΑΤΑΣ. Tête d'Apollon.
℞. Hercule enfant étouffant deux serpents.
GRAVÉE. T.B. Æ.5.

15. **Rhegium.** Tête de lion de face. (*Relief de forte saillie.*)
℞. Tête d'Apollon, à gauche.
Pièce d'un beau style. GRAVÉE. T.B. Æ.6.

SICILE

16. **Agrigente.** ΑΚΡΑ. Aigle à droite sur un rocher, tenant un serpent qu'il s'apprête à dévorer; dessous, deux points.
℞. ΣΙΛΑΝΟΣ. Crabe. T.B. AV.2.

17. — ΑΚΡΑϹΑΝΤΟΣ. Aigle à gauche.
℞. Crabe. T.B. Æ.8.

18. **Catana.** ΗΡΑΚΛΕΙΑΝ. Tête d'Apollon, de face.
℞. ΚΑΤΑΝΑΙΩΝ. Figure conduisant un quadrige, à gauche; au dessus, une Victoire volant, tenant une couronne; au dessous, un poisson. B. Æ.8.

19. **Gelas.** Buste de femme avec une résille, à droite.
℞. CΕΛΑΣ. Taureau à face humaine, vu à mi-corps, allant à gauche. GRAVÉE. T.B. AV.1 1/2.

20. — CΕΛΑΣ. Partie antérieure de taureau, à face humaine.
℞. Femme conduisant un bige au pas; une Victoire couronne les chevaux. T.B. Æ.8.

21. **Leontini.** Tête laurée d'Apollon.
℞. ΛΕΟΝΤΙΝΟΝ. Tête de lion, la gueule ouverte et la langue pendante, entre quatre grains d'orge. T.B. Æ.7.

22. — Figure conduisant un bige, à droite; une Victoire couronne les chevaux.
℞. Le même. T.B. Æ.7.

23. **Messana**. ΜΕΣΣΑΝΙΟΝ. Lièvre courant; dessous, un dauphin.
℞. Figure conduisant un bige; au dessus, le mot ΜΕΣΣΑΝΑ; grènetis. B. Æ.7.

24. **Ségeste**. Tête de femme avec un filet.
℞. ΣΕΓΕΣΤΑΞΙ. Lévrier, à droite. B. Æ.6.

25. **Selinonte**. ΣΕΛΙΝΟΝΤΙΟΝ. Le fleuve Selinos, nu et debout, à gauche, tenant une branche de laurier et une patère avec laquelle il sacrifie sur un autel; devant l'autel, un coq; dans le champ, taureau sur une base; au dessus, une feuille d'ache.
℞. Apollon et Diane dans un bige, au pas, à droite; l'un tire de l'arc, l'autre tient les rênes. B. Æ.8.

SYRACUSE

26. **Syracuse**. Tête d'Aréthuse, à gauche, couronnée d'épis.
℞. ΣΥΡΑΚΟΣΙΩΝ. Victoire conduisant un bige, à droite; au dessus une étoile. *Beau style*. T.B. AV.3.

27. — ΣΥΡΑΚΟΣΙΩΝ. Tête virile, imberbe, à gauche.
℞. Cheval libre sur une base. ΣΥΡΑΚΟΣΙΩΝ. GRAVÉE. T.B. AV.2.

28. — Tête d'Hercule jeune, à gauche.
℞. ΣΥΡΑ, dans une aire creuse divisée en quatre compartiments; au centre, dans un cercle incus, une petite tête d'Aréthuse, à gauche. T.B. AV.1 1/2.

29. — ΣΥΡΑ. Tête casquée de Minerve, à gauche.
℞. La tête de la Gorgone. F.D.C. AV.1.

30. — ΣΥΡΑΚΟΣΙΩΝ. Tête d'Apollon, couronnée de laurier, à gauche.
℞. ΣΩΤΕΙΡΑ. Tête de Diane, à droite; derrière, un carquois. *Beau style*. GRAVÉE. T.B. EL. 4.

31. **Syracuse**. Tête de la nymphe, à droite.
℞. Poulpe. B. EL.1.

32. — **ΣΥRAΩOΣION**. Tête de femme diadémée, entourée de quatre dauphins.
℞. Homme conduisant un bige; une Victoire couronne les chevaux. *Pièce très ancienne*. T.B. Æ.7.

33. — **ΣΥRAKOΣION**. Même tête, variété de coiffure.
℞. Le même. Gravée. T.B. Æ.7.

34. — **ΣΥPAKOΣIΩN**. Tête de femme, à droite, enveloppée d'une sorte de bonnet; le tout entouré de quatre dauphins.
℞. Homme conduisant un bige; au dessus, Victoire couronnant les chevaux.
Pièce d'un très beau style. T.B. Æ.8.

35. — **ΣΥRAKOΣIΩN**. Tête d'Aréthuse, à gauche, portant des boucles d'oreilles et un collier, les cheveux retenus par un réseau orné d'étoiles, et entourée de quatre dauphins.
℞. Homme conduisant un quadrige, à droite; au dessus des chevaux, une Victoire volant à gauche et tenant suspendu un petit cartouche sur lequel on lit **EYAINETO** en deux lignes; à l'exergue, deux dauphins.
Admirable pièce du plus grand style. Gravée. F.D.C. Æ.7.

36. — **ΣΥPAKOΣIΩN**. Tête, à gauche, de la nymphe, les cheveux relevés s'échappant d'un filet.
℞. Homme conduisant, à gauche, un quadrige couronné par une Victoire; à l'exergue, un dauphin.
Pièce d'un joli style original. F.D.C. Æ.7.

37. **Tauromenium**. **APXAΓETA**. Tête laurée d'Apollon, à gauche.
℞. **TAYPOMENITAN**. Lyre. *Belle patine*. T.B. Æ.5.

ROIS DE SICILE

38. **Hieron II.** (275-216). Tête du roi, à gauche.
℞. ΙΕΡΩΝΟΣ. Cavalier armé d'une lance.
Patine verte. T.B. Æ.8.

39. **Philistis.** Tête voilée de Philistis, à gauche.
℞. ΒΑΣΙΛΙΣΣΑΣ ΦΙΛΙΣΤΙΔΟΣ. Victoire conduisant un quadrige au pas, à droite. Dans le champ, Φ. T.B. AR.8.

CHERSONÈSE TAURIQUE

40. **Panticapée.** Tête barbue de Pan, à gauche.
℞. ΠΑΝ. Un griffon marchant sur un épi, la patte de devant levée et tenant un javelot dans la gueule.
Pièce d'un style admirable. Gravée. F.D.C. AV.4.

41. — Tête barbue, à gauche, de Pan; il est couronné de lierre.
℞. ΠΑΝ. Un griffon marchant sur un épi, la patte de devant levée, et tenant un javelot dans la gueule.
Pièce d'un style admirable. Gravée. F.D.C. AV.6.

(La pièce précédente est d'un plus haut relief que celle-ci.)

THRACE

42. **Aenus.** Tête imberbe d'Hermès, de trois quarts, le pétase bordé d'un rang de perles.
℞. ΑΙΝΙΟΝ. Antilope; dans le champ, une étoile.
Gravée. T.B. AR.7.

43. **Byzance.** Tête de Demeter voilée, à droite.
℞. ΠΥ. Neptune assis sur un rocher, tenant un acrostolium et un trident; dans le champ, monogramme; à l'exergue : ΕΠΙ ΜΕΝΙΣΚΟΥ. B. AR.8.

44. **Thasos**. Tête de Bacchus.

℞. ΗΡΑΚΛΕΟΥΣ ΣΩΤΗΡΟΣ ΘΑΣΙΩΝ. Hercule, appuyé sur sa massue, le bras gauche enveloppé de la peau de lion; dans le champ, un monogramme. B. Æ.9.

ROIS DE THRACE

45. **Lysimaque** (323-282). Tête d'Alexandre le Grand, diadémée avec une corne de bélier.

℞. ΒΑΣΙΛΕΩΣ ΛΥΣΙΜΑΧΟΥ. Pallas assise, à gauche, tenant sur la main droite une Victoire; le coude gauche appuyé sur un bouclier; à sa droite, une haste. Monogramme dans le champ.

Pièce d'un style admirable. GRAVÉE. F.D.C. AV.5.

MACÉDOINE

46. Tête laurée de Diane, l'arc et le carquois derrière l'épaule, au milieu du bouclier macédonien. Grènetis.

℞. LEG·MAKEΔΟΝΩΝ et une massue couchée; dans le champ, main tenant un rameau d'olivier; le tout dans une couronne de chêne.

Très beau style. GRAVÉE. F.D.C. Æ.9.

VILLES DE MACÉDOINE

47. **Acanthe.** Lion dévorant un taureau; à l'exergue: ΑΛΕΞΙΟΣ.

℞. ΑΚΑΝΘΙΟΝ. Quatre élévations pyramidales couvertes d'un grènetis et enfermées dans des carrés; le tout au milieu d'un carré creux. GRAVÉE. T.B. Æ.7.

48. **Amphipolis**. Tête laurée d'Apollon, presque de face.

℞. ΑΜΦΙΠΟΛΙΤΕΩΝ sur les bords relevés d'un carré creux, au milieu duquel est une torche allumée; dans le champ, une abeille.

Pièce d'un beau style. GRAVÉE. T.B. Æ.6 1/2.

49. **Lete.** Homme nu et barbu, debout, saisissant une femme drapée; dans le champ, trois globules.

℞. Carré creux divisé en quatre parties. F.D.C. Æ.6.

50. — Centaure agenouillé, tenant dans ses bras une femme drapée.

℞. Carré creux. T.B. Æ.5.

51. **Neapolis.** Tête de Gorgone de face.

℞. Carré creux. T.B. Æ.5.

52. **Philippi.** Tête imberbe d'Hercule, à droite, coiffée de la peau de lion.

℞. ΦΙΛΙΠΠΩΝ. Trépied; dans le champ, une tête de cheval. GRAVÉE. F.D.C. AV.5.

ROIS DE MACÉDOINE

53. **Philippe II** (359-336). Tête laurée de Jupiter.

℞. ΦΙΛΙΠΠΟΥ. Ephèbe nu, à cheval, la tête ceinte d'une bandelette; de la main gauche il tient les rênes, de l'autre une palme; dans le champ, un foudre. T.B. Æ.7.

54. **Alexandre Aegus** (315-311). Tête de Pallas.

℞. ΑΛΕΞΑΝΔΡΟΥ. Victoire, à gauche, tenant une couronne et l'armature d'un trophée; dans le champ, ΦΔΟ en monogramme. *Style admirable.* GRAVÉE. F.D.C. AV.5.

(D'après le style, ce statère a dû être frappé en Egypte. En outre le même monogramme se rencontre sur les tétradrachmes d'Alexandre Aegus, frappés par ordre de Ptolémée Soter.)

55. **Antigone** (roi d'Asie, 306-301). Tête de Neptune, ceinte d'une couronne de plantes marines.

℞. Apollon nu, assis sur une proue de navire et tenant un arc; sur la proue la légende, ΒΑΣΙΛΕΩΣ ΑΝΤΙΓΟΝΟΥ, en deux lignes; à l'exergue, monogramme et trident. GRAVÉE. F.D.C. Æ.9.

56. **Antigone Ier Gonatas** (277-239). Tête de Pan, à gauche; derrière, le *pedum*; le tout au milieu du bouclier macédonien orné de sept étoiles.

℞. ΒΑΣΙΛΕΩΣ ΑΝΤΙΓΟΝΟΥ. Pallas, à gauche, lançant la foudre et tenant un bouclier; dans le champ, monogramme et casque. T.B. Æ.9.

57. **Philippe V** (220-178). Tête de Persée, à gauche, avec un casque ailé se terminant en bec d'oiseau; derrière, une *harpé*, et le tout au milieu du bouclier macédonien.

℞. ΒΑΣΙΛΕΩΣ ΦΙΛΙΠΠΟΥ, en deux lignes séparées par une massue et entourées d'une couronne de chêne. T.B. Æ.9.

THESSALIE

58. **Larissa.** Homme à demi nu, domptant un taureau.

℞. ΛΑΡΙΣΑΙΑ. Cheval courant à droite. F.D.C. Æ.5.

ÉPIRE

ROIS D'ÉPIRE

59. **Pyrrhus** (296-272). Tête de Jupiter Dodonéen, couronnée de chêne, à gauche.

℞. ΒΑΣΙΛΕΩΣ ΠΥΡΡΟΥ. Femme tourelée, assise, à gauche, sur un siège à dossier, et tenant un sceptre. GRAVÉE. T.B. Æ.8.

ETOLIE

60. **Etoliens**. Tête de Pallas, le casque orné d'un serpent.

℞. ΑΙΤΩΛΩΝ. L'Etolie assise sur un monceau de boucliers; elle tient un sceptre et une Victoire; dans le champ, monogramme. B. AV.4.

61. — Même pièce; monogramme différent, et, dans le champ, une petite figure debout. B. AV.4.

LOCRIDE

62. **Locri Opuntii.** Tête de femme, à gauche, couronnée d'épis et parée de pendants d'oreilles.
℞. ΟΠΟΝΤΙΩΝ. Ajax, nu et casqué, le bras gauche armé d'un bouclier ovale, orné, dans l'intérieur, d'un serpent; la main droite tient une épée courte; dans le champ, un casque. GRAVÉE. T.B. Æ.6.

PHOCIDE

63. **Delphes.** Tête de bélier, à droite; dessous, un dauphin.
℞. Tête de chèvre de face, entre deux dauphins; le tout dans un carré creux. Æ.2.

BÉOTIE

64. **Béotie** *in genere.* Bouclier béotien.
℞. ΒΟ ΙΩ. Amphore surmontée d'une massue.
T.B. Æ.7.

65. **Thèbes.** Buste lauré de Jupiter.
℞. ΘΕ. Hercule enfant étouffant deux serpents, dans un carré creux. T.B. EL.2.

ATTIQUE

66. **Athènes.** Tête de Minerve, le casque décoré de feuilles d'olivier.
℞. ΑΘΕ. Chouette; dans le champ, une pousse d'olivier.
GRAVÉE. F.D.C. Ꜳ.4.

ILES VOISINES DE L'ATTIQUE

67. **Égine**. Tortue de terre.
℞. Carré creux divisé en cinq parties, dont trois carrées et deux triangulaires. Æ.6.

ACHAIE

68. **Corinthe.** Tête casquée de Minerve, à gauche; derrière, une couronne.
℞. Pégase; dessous Ϙ. B. Æ.6.

LACONIE

69. **Lacédémone.** Têtes accolées des Dioscures.
℞. ΛΑ ΑΡΙϹΤΟΚΡΑΤΗϹ et monogramme, dans une couronne de lauriers. *Superbe patine verte.* T.B. Æ.8

ARGOLIDE

70. **Argos**. Tête de loup.
℞. Grand Α, nom de magistrat et symbole. B. Æ.1.

CRÈTE

71. **Cnossus** Tête de femme couronnée de roseaux?
℞. Labyrinthe. Æ. 6.

EUBÉE

72. **Eubée** *in genere*. Tête de femme, à droite.
℞. ΕΥ. Tête de bœuf, ornée de bandelettes et vue de trois quarts. GRAVÉE. F.D.C. Æ.3.

ILES D'EUROPE

73. **Paros**. Tête de femme, la chevelure retenue par deux bandelettes entrecroisées.
℞. ΑΝΑΞΙΚ ΠΑΡΙ. Chèvre. GRAVÉE. F.D.C. Æ.6.

ASIE

ROIS DU PONT ET DU BOSPHORE CIMMÉRIEN

74. **Mithridate VI** (123-64). Tête diadémée de Mithridate, à droite.
℞. ΒΑΣΙΛΕΩΣ ΜΙΘΡΑΔΑΤΟΥ ΕΥΠΑΤΟΡΟΣ. Cerf paissant à gauche; dans le champ, deux monogrammes, la lettre Δ, un croissant et une étoile. Le tout dans une couronne de lierre fleuri.
Admirable pièce du plus beau style. GRAVÉE. F.D.C. A/.6.

75. **Mithridate VI.** Même pièce; dans le champ, un seul monogramme et delta. GRAVÉE. T.B. AV.5.

76. — Tête diadémée du roi.
℞. ΒΑΣΙΛΕΩΣ ΜΙΘΡΑΔΑΤΟΥ ΕΥΠΑΤΟΡΟΣ. Cerf à gauche; dans le champ, astre au dessus d'un croissant, les lettres Η ΗΣ et un monogramme; le tout dans une couronne formée de lierre fleuri. GRAVÉE. T.B. AR.9.

77. **Sauromate II.** (92-124). ΒΑCΙΛΕWC CΑΥΡΟΜΑΤΟΥ. Buste diadémé du roi.
℞. Tête laurée, à droite, d'Hadrien; dessous ΖΙΥ.
T.B. EL.5.

PAPHLAGONIE

78. **Sinope.** Tête, à gauche, de la nymphe Sinope.
℞. ΣΙΝΩ. Aigle sur un dauphin; dans le champ, ΚΑΡΓ.
T.B. AR.5.

79. **Lampsaque.** Partie antérieure d'un cheval marin ailé, galopant vers la gauche; dessous ⌶; le tout entouré de pampres.
℞. Carré creux. F.D.C. EL.5.

80. — Tête de femme, à gauche, les cheveux retenus par un réseau, avec des boucles d'oreilles et un collier.
℞. Partie antérieure de Pégase volant à droite.
Pièce d'un beau style et d'un haut relief. GRAVÉE. T.B. AV.4.

TROADE

81. **Ilium.** Tête de Pallas, à droite.
℞. ΙΛΙΑΔΟΣ ΑΘΗΝΑΣ ΜΕΝΕΦΡΟΝ. Minerve-Iliade, à droite, portant une lance sur son épaule et une quenouille à la main gauche; dans le champ, monogramme.
GRAVÉE. B. AR.9.

82. **Tenedos**. Double tête, l'une barbue et laurée, l'autre de femme diadémée.

℞. ΤΕΝΕΔΙΩΝ. Hache à deux tranchants; dans le champ, grappe de raisin, petit Harpocrate et monogramme.

GRAVÉE. T.B. Æ.9.

ÉOLIDE

83. **Cyme**. Tête de femme, à droite, ceinte d'un bandeau.

℞. ΚΥΜΑΙΩΝ ΣΤΡΑΤΩΝ. Cheval bridé; dessous, vase à une anse; le tout dans une couronne de laurier.

T.B. Æ.9.

84. **Myrhina**. Tête laurée d'Apollon.

℞. ΜΥΡΙΝΑΙΩΝ. Apollon tenant une branche de laurier ornée de bandelettes et une patère; à ses pieds, un vase à deux anses et la cortine; dans le champ, un monogramme; le tout dans une couronne de laurier.

T.B. Æ.10.

IONIE

ELECTRUMS D'IONIE

85. Casque archaïque, à gauche.

℞. Carré creux divisé en deux parties. T.B. EL.1.

86. Tête de Vénus, à droite.

℞. Taureau cornupète. T.B. EL.1.

87. Tête de femme, couronnée de lauriers.

℞. Tête barbue, de face, dans un carré formé de quatre traits. T.B. EL.1.

88. Tête d'un des Dioscures, à droite; de chaque côté, une étoile.
℞. Tête de Vénus, à droite. T.B. EL.1.

ÉPHÈSE

89. **Ephèse**. Buste de Diane, à droite.
℞. **ΕΦ**. Statue de Diane d'Ephèse; à droite, un trépied; dessous, **B**. GRAVÉE. B. AV.5.

90. — **ΕΦ**. Abeille.
℞. Partie antérieure de cerf; derrière, un palmier; nom de magistrat. T.B. AR.7.

ILES D'IONIE

91. **Chios**. Sphinx accroupi; devant, un épi.
℞. **ΧΙΟΣ ΠΟΛΙΑΝΟΣ**. Amphore. T.B. Æ.4.

CARIE

ILES DE CARIE

92. **Calymna**. Tête de guerrier casquée, à droite.
℞. **ΚΑΛΥΜΝΙΟΝ**. Lyre dans un encadrement de grènetis. T.B. AR.5.

93. **Rhodes**. Tête du Soleil, de face.
℞. **PO**. Fleur du Balaustium; dans le champ, au dessus, **ΑΝΤΑΙΟΣ**; le tout dans un carré creux. GRAVÉE. F.D.C. AV.4.

94. — Tête radiée du Soleil, de face.
℞. **ΡΟΔΙΩΝ**.Fleur du Balaustium; dans le champ, une proue de vaisseau et nom de magistrat; le tout dans un cercle de grènetis. T.B. AR.8.

95. **Rhodes**. Tête radiée du Soleil, de trois quarts.
℞. PO. Fleur. Nom de magistrat. F.D.C. Æ.5.

CHYPRE

96. **Chypre**. Partie antérieure de lion, à gauche, avec le symbole chypriote, la croix ancrée.
℞. Carré creux divisé en deux parties.
Pièce ovale. T.B. Æ.5.

LYDIE

97. **Crésus?** Partie antérieure de lion affrontée à celle d'un bœuf.
℞. Carré creux. *Pièce ovale*. T.B. AV.4-2.

SYRIE

ROIS DE SYRIE

98. **Antiochus III, le Grand** (222-187). Tête diadémée du roi, à droite.
℞. ΒΑΣΙΛΕΩΣ ΑΝΤΙΟΧΟΥ. Apollon assis, à gauche, sur l'*omphalos*; dans le champ, une lyre, un monogramme et une étoile. Gravée. F.D.C. AV.4.

99. — Tête diadémée du roi, à droite.
℞. ΒΑΣΙΛΕΩΣ ΑΝΤΙΟΧΟΥ. Apollon assis, à gauche, sur l'*omphalos*; dans le champ, trépied. F.D.C. Æ.9.

100. **Antiochus VI Epiphane Dionysios**. (145-142). Tête radiée du roi dans un cordonnet.

℞. ΒΑΣΙΛΕΩΣ ΑΝΤΙΟΧΟΥ ΕΠΙΦΑΝΟΥΣ ΔΙΟΝΥΣΟΥ. Les Dioscures à cheval, armés de lances, galopant vers la gauche; dessous ΟΡ; dans le champ ΤΡΥ ΣΤΑ, et monogramme; le tout dans une couronne de laurier.
GRAVÉE. F.D.C. Æ.9.

PHÉNICIE

101. **Tripolis.** Têtes accolées et laurées des Dioscures, chacun avec la chlamyde sur l'épaule.
℞. ΤΡΙΠΟΛΙΤΩΝ. ΤΗΣ ΙΕΡΑΣ ΚΑΙ ΑΥΤΟΝΟΜΟΥ. Astarté tourelée debout, à gauche, la main droite posée sur un bâton recourbé et tenant de la gauche une corne d'abondance; dans le champ, quelques lettres et la date ΘΕ. GRAVÉE. F.D.C. Æ.8.

ROIS PARTHES

102. **Arsace XIX** (Artaban III, 14-41). Tête du roi, à gauche.
℞. ΒΑCΙΛΕΩC ΒΑCΙΛΕΩΝ, etc. Le roi, assis sur un trône, tenant un arc; dans le champ, monogramme.
Æ.4.

ROIS SASSANIDES

103. **Sapor I** (240-271). Légende pehlvi signifiant : « L'adorateur d'Ormuzd, l'excellent Chahpouhri, roi des rois de la Perse. » Buste de Sapor, coiffé d'un bonnet à oreillères, par dessus lequel est une couronne surmontée d'un globe.
℞. « Chahpouhri le divin. » Pyrée entre deux figures armées de hastes et d'épées. Æ. 6.

ROIS DE LA BACTRIANE

104. **Eucratides.** ΒΑΣΙΛΕΩΣ ΜΕΓΑΛΟΥ ΕΥΚΡΑΤΙΔΟΥ. Buste du roi casqué, à droite.
℞. Légende bactrienne, les Dioscures courant à droite. *Méd. carrée.* Æ.7.

105. **Ooerki.** PAO. NANO PAO OOEPKI KOPANO. Buste du roi, à gauche, avec une tiare, tenant de la main droite un instrument ressemblant à la harpé.
℞. HIIPO. Figure nimbée, à droite, tenant une couronne. T.B. AV.5.

106. **Baraoro.** POO NO POO BOΔOPO KOBOPO. Le roi armé, à gauche, sacrifiant sur un autel.
℞. OKPO. Divinité nimbée, de face, appuyée sur le bœuf Nandi. T.B. AV.6.

AFRIQUE

ROIS D'ÉGYPTE

107. **Ptolémée I** (305-285). Tête du roi, l'égide nouée autour du cou.
℞. ΠΤΟΛΕΜΑΙΟΥ ΒΑΣΙΛΕΩΣ. Aigle sur un foudre; devant, H et massue. F.D.C. AV.6.

108. — Tête du roi, l'égide nouée autour du cou.
℞. ΠΤΟΛΕΜΑΙΟΥ ΒΑΣΙΛΕΩΣ. Ptolémée, à gauche, conduisant un quadrige d'éléphants; dessous, deux monogrammes. GRAVÉE. F.D.C. AV.4.

109. **Ptolémée II Philadelphe.** Tête diadémée de Jupiter, à droite.
℞. ΒΑΣΙΛΕΩΣ ΠΤΟΛΕΜΑΙΟΥ. Aigle éployé, à gauche, sur un foudre; devant, un bouclier ovale, etc. *Belle patine.* T.B. Æ.8.

110. **Ptolémée III Evergète** (246-221). Buste radié, avec l'égide sur la poitrine et un trident sur l'épaule gauche.
℞. ΠΤΟΛΕΜΑΙΟΥ ΒΑΣΙΛΕΩΣ. Corne d'abondance entourée d'un diadème et surmontée d'un nimbe; au bas ΔΙ. GRAVÉE. F.D.C. AV.7 1/2.

111. **Bérénice Ire** (femme d'Evergète). Buste voilé de la reine, à droite.
℞. ΒΕΡΕΝΙΚΗΣ ΒΑΣΙΛΙΣΣΗΣ. Corne d'abondance ceinte d'un diadème; dans le champ, deux étoiles. GRAVÉE. T.B. AV.7 1/2.

112. **Ptolémée VI Philométor** (181-186). **Cléopâtre Ire** (régente, 181-171). Tête d'Isis couronnée d'épis, à droite.
℞. ΠΤΟΛΕΜΑΙΟΥ ΒΑΣΙΛΕΩΣ. Aigle éployé sur un foudre, à gauche. *Belle patine.* T.B. Æ. 7.

CYRÉNAÏQUE

113. **Cyrène.** Jupiter debout, à gauche, tenant une patère avec laquelle il sacrifie sur un thymiatérion allumé, et s'appuyant sur son sceptre; derrière ΠΟΛΙΑΝΘΕΥΣ.
℞. ΚΥΡΑΝΑΙΟΝ. Figure conduisant un quadrige au pas, à droite. F.D.C. AV.4 1/2.

114. — ΧΑΙΡΙΟΣ. Jupiter assis, à gauche, tenant un aigle.

℞. **KYPANAION**. Figure conduisant un quadrige; au dessus, une étoile. F.D.C. AV.4 1/2.

115. — ...... Jupiter assis, à gauche, tenant un sceptre; derrière, un aigle.

℞. **KYPANAIΩN**. La Victoire conduisant un quadrige, de face. Gravée. T.B. AV.4 1/2.

ZEUGITANE

116. **Carthage**. Tête de Koré, couronnée d'épis, à droite, avec pendants d'oreilles et collier de perles; derrière, une grenade.

℞. Cheval marchant à droite; derrière, un palmier. T.B. Æ.7.

117. — Tête de Cérès couronnée d'épis, à gauche, avec pendants d'oreilles et collier.

℞. Cheval debout, à droite. Gravée. F.D.C. AV.4.

118. — Buste de cheval.

℞. Palmier avec ses fruits. B. AV.1.

118 bis. — Même pièce. B. AV.1.

119. — Tête de Cérès, couronnée d'épis, à gauche, avec pendants d'oreilles.

℞. Cheval; dessus, un disque radié, accosté de deux uréus. B. EL.6.

ROIS DE NUMIDIE

120. **Juba Ier**. **REX IVBA**. Buste cuirassé et drapé de Juba, un sceptre posé sur l'épaule droite.

℞. Temple à huit colonnes. Légendes puniques. T.B. Æ.4.

MÉDAILLES ROMAINES

CONSULAIRES

121\. Tête de Rome; derrière, II.
℞. Roue à six rayons; dans un des rayons, II. *Dupondius*.
B. Æ.

122\. Sanglier courant à droite; dessous, trois points.
℞. Sanglier courant à gauche; dessous, trois points. *Quadrans*.
B. Æ.

123\. Grenouille et un point.
℞. Feuille d'acanthe et un point. *Once*. B. Æ.

124\. Tête barbue de Janus Bifrons.
℞. Proue de navire; au dessus, I. *As*. (Babelon, 51).[1]
Patine verte. B. Æ.

125\. Tête laurée de Jupiter; au dessous, la lettre S.
℞. Proue de navire; dessus, S. *Semis*. (52). B. Æ.

126\. Tête de Mercure, coiffée du pétase ailé; au dessus, deux points.
℞. ROMA. Proue de navire; au dessous, deux points. *Sextans*. (18). B. Æ.

1\. Les numéros cités et placés entre parenthèses sont ceux de l'ouvrage de M. E. Babelon, *Monnaies de la République romaine*, 2 volumes in-8°, Paris, Rollin et Feuardent, 1885-86.

127. Tête laurée de Janus; au dessus, I.
℞. ROMA. Proue de navire; à droite, I. *As*. (49). B. Æ.

128. Tête laurée de Jupiter; derrière, S.
℞. ROMA. Proue de navire; au dessus, S. *Semis*. (50). B. Æ.

129. Tête de Mercure, coiffée du pétase ailé; au dessus, deux points.
℞. ROMA. Proue de navire et deux points. *Sextans*. (53). B. Æ.

ROMANO-CAMPANIENNES

130. Tête laurée et imberbe de Janus.
℞. ROMA. Personnage à genoux entre deux guerriers et tenant un petit cochon dans ses bras. Les deux guerriers, dont l'un est barbu, vêtu de la chlamyde grecque et armé d'une longue lance, et l'autre, imberbe, portant le costume romain et armé d'une haste courte, prêtent serment sur la tête de l'animal. (27). *Poids*, *6 gr. 60*. F.D.C.[1] AV[1].

MONNAIES PORTANT DES NOMS DE FAMILLE

ACILIA

131. SALVTIS. Tête laurée de la Santé, à droite.
℞. MAN. ACILIVS III VIR. VALETV. La Santé debout de face. (8). B. AR.

AEMILIA

132. ROMA. Buste de la déesse Rome, laurée et diadémée à droite; derrière, ✶.

1. Toutes les monnaies d'or étant maintenant gravées, jusqu'au règne de Constance II, nous nous dispenserons de mettre à l'avenir l'indication GRAVÉE.

℞. MAN. AIMILIO LEP. Trois arceaux d'un arc de triomphe supportant la statue d'un cavalier. (7). B. Æ.

133. PAVLLVS LEPIDVS CONCORDIA. Tête de la Concorde, à droite.
℞. PAVLLVS TER. Aemilius debout, la main droite étendue sur un trophée, à gauche duquel se tient debout Persée. (10). B. Æ.

CALPURNIA

134. Tête diadémée d'Apollon à gauche.
℞. C. PISO. L. F. FRVGI. Cavalier tenant une palme, galopant à droite. (25). B. Æ.

135. Tête laurée de Janus; au dessus, I.
℞. L. PISO. FRVGI. Proue de navire à droite, surmontée d'une Victoire. (18). *Belle patine.* T.B. Æ.

CARISIA

136. Tête de Sibylle, à droite, les cheveux enveloppés dans de larges bandelettes.
℞. T. CARISIVS III VIR. Sphinx assis à droite. (10). B. Æ.

CESTIA

137. Buste de l'Afrique, à droite, coiffé d'une tête d'éléphant.
℞. L. CESTIVS en haut; C. NORBA à l'exergue. Chaise curule sur laquelle est posé un casque; sur les bâtons de la chaise, on voit deux colombes; dans le champ, à droite, PR. et à gauche, S. C. (1). T.B. AV.

CLAUDIA

138. Tête de la déesse Rome, à droite.
℞. C. PVLCHER. Victoire dans un bige galopant à droite. (1). B. Æ.

139. C. CLODIVS C. F. Tête de Flore.
℞. VESTALIS. La Vestale Claudia Quinta assise à gauche, tenant un simpulum. (12). T.B. AV.

140. Tête radiée du Soleil, à droite; derrière, un carquois.
℞. P. CLODIVS M. F. Croissant lunaire entouré de cinq étoiles. (16). F.D.C. AV.

140 bis. La même pièce. (16). T.B. AV.

COELIA

141. C. COEL. CALDVS. COS. Tête nue de C. Cœlius Caldus, à droite.
℞. Personnage préparant un lectisternium sur lequel on lit, en deux lignes : L. CALDVS VII VIR EPVL. (7). Æ.

FABIA

142. LABEO. ROMA. Tête de la déesse Rome, à droite.
℞. Q. FABI. Jupiter dans un quadrige galopant à droite. (1). B. Æ.

FURIA

143. M. FOVRI. L. F. Tête laurée de Janus.
℞. PHILI. ROMA. La déesse Rome. (18). B. Æ.

HERENNIA

144. PIETAS. Tête diadémée de la Piété, à droite.
℞. HERENNI. Amphinomus emportant son père sur ses épaules. (1). B. Æ.

HOSIDIA

145. GETA III VIR. Buste diadémé de Diane chasseresse, à droite.
℞. C. HOSIDI. C. F. Le sanglier de Calydon. (1). B. Æ.

LICINIA

146. S. C. Buste diadémé de Vénus, à droite.
℞. P. CRASSVS M. F. Chevalier romain tenant son cheval par la bride. (18). Æ.

JUNIA

147. BRVTVS. Tête nue de L. Junius Brutus l'Ancien, à droite.
℞. AHALA. Tête nue de Servilius Ahala, à droite. (30). B. Æ.

147 bis. LIBERTAS. Tête diadémée de la Liberté, à droite.
℞. BRVTVS. Le consul L. Junius Brutus entre deux licteurs et précédé d'un héraut. (31). B. Æ.

LUCRETIA

148. — Tête radiée du Soleil, à droite.
℞. L. LVCRETI. TRIO. Le croissant lunaire entouré de sept étoiles. (2). B. Æ.

MAMILIA

149. Buste de Mercure, à droite.
℞. C. MAMIL. LIMETAN. Ulysse reconnu par son chien. (6). B. Æ.

MANLIA

150. L. MANLI. PROQ. Tête de la déesse Rome à droite.
℞. L. SVLLA IM. Sylla dans un quadrige au pas, à droite, couronné par la Victoire. (4). B. Æ.

150 bis. L. MANLI. PROQ. Tête de la déesse Rome, à droite.
℞. L. SVLLA IM. Sylla dans un quadrige au pas, à droite, tenant un sceptre et couronné par la Victoire (3). *Poids 10 gr. 60.* F.D.C. AV.

MARCIA

151. Tête laurée d'Apollon, à droite.
℞. L. CENSOR. Le satyre Marsyas, debout à gauche. (42). B. Æ.

NORBANA

152. C. NORBANVS. L. CESTIVS. PR. Buste de Vénus, à droite, la tête ceinte d'un bandeau.
℞. S. C. Cybèle assise sur un char traîné par deux lions et marchant à gauche. (3). T.B. AV.

PLAUTIA

153. P. YPSAE. S. C. Tête diadémée de Leuconoé, à droite.

℞. C. YPSAE. COS. PRIV. CEPIT. Jupiter tenant un foudre, dans un quadrige au galop, à gauche. (12). B. Æ.

154. A. PLAVTIVS AED. CVR. S. C. Tête tourelée de Cybèle, à droite.
℞. BACCHIVS IVDAEVS. Bacchus tenant un chameau par la bride. (13). B. Æ.

POMPONIA

155. Tête laurée d'une muse, à droite.
℞. Q. POMPONI. MVSA. Terpsichore jouant de la lyre. (18). B. Æ.

156. Tête laurée d'une muse, à droite.
℞. Q. POMPONI. MVSA. Uranie debout, à gauche. (22). B. Æ.

PROCILIA

157. S. C. Tête de Junon Sospita, à droite.
℞. L. PROCILI. F. Junon Sospita courant au galop vers la droite. (2). Æ.

ROSCIA

158. L. ROSCI. Tête de Junon Lanuvienne.
℞. FABATI. Jeune fille donnant à manger à un serpent. (1). B. Æ.

RUTILIA

159. FLAC. Tête de la déesse Rome, à droite.

℞. L. RVTILI. La Victoire dans un bige au galop, à droite. (1). B. Æ.

SCRIBONIA

160. BON. EVENT. LIBO. Tête diadémée de *Bonus Eventus*, à droite.
℞. PVTEAL SCRIBON. Margelle du puits Scribonien. (8). B. Æ.

SERVILIA

161. RVLLI. Buste casqué de Pallas, à gauche.
℞. P. SERVILI. M. F. La Victoire dans un bige galopant à droite. (14). B. Æ.

SULPICIA

162. L. SERVIVS RVFVS. Têtes accolées des Dioscures, à droite, avec leurs bonnets coniques laurés et surmontés d'étoiles.
℞. Vue à vol d'oiseau de la citadelle de Tusculum; au dessus de la porte, l'inscription TVSCVL. (9). T.B. Ꜹ.

TULLIA

163. ROMA. Tête de la déesse Rome, à droite.
℞. M. TVLLI. Victoire dans un quadrige au galop, à droite. (1). Æ.

VIBIA

164. Tête de Bacchus.
℞. C. VIBIVS VARVS. Panthère essayant de grimper sur un autel bachique. (24). B. Æ.

165. Buste casqué de Pallas, à gauche, tenant une haste et un bouclier.
℞. C. VIBIVS VARVS. Némésis ailée, debout, à droite. (25). T.B. AV.

166. Tête laurée de Vénus, à droite.
℞. C. VIBIVS VARVS. Vénus à demi nue, vue de dos, debout près d'une colonne et se regardant dans un miroir qu'elle tient à la main. (27). T.B. AV.

166 bis. Même pièce. (27). T.B. AV.

MONNAIES

FRAPPÉES SOUS L'EMPIRE ROMAIN[1]

JULES CÉSAR
(60—44 av. J.-C.)

167. C. CAESAR COS TER. Tête voilée de la Piété jeune à droite.
℞. A. HIRTIVS PR. Bâton d'augure, vase à sacrifice et hache. (*av. J.-C., 46*) (2). B. AV.

168. Même médaille avec la tête de la Piété vieille et se rapprochant de celle de Jules César. (3). T.B. AV.

169. COS. TERT. DICT. ITER. Tête de Cérès, à droite.
℞. AVGVR. PONT. MAX. Simpule, aspersoir, etc. (*av. J.-C., 46*) (4). Æ.

170. M. SANQVINIVS III VIR. Tête laurée de Jules César, à droite, jeune et divinisée; en haut, une comète.
℞. AVGVST. DIVI. F. LVDOS. SAEC. Prêtre salien, vêtu de la stole, avec un casque orné de deux plumes, tenant un caducée et un bouclier rond. (*av. J.-C., 16*) (5). B. AV.

171. IIT. Tête de la Piété à droite couronnée de chêne.
℞. CAESAR. Trophée avec un bouclier et une trompette gauloise; à droite, une hache. (*av. J.-C., 48*) (17). F.D.C. AV.

1. Les numéros cités sont ceux de l'ouvrage de Henry Cohen, 2e édition, Paris, Rollin et Feuardent, 1880—88.

172. C. CAES. DIC. TER. Buste ailé de la Victoire, à droite.
℞. L. PLANC. PR. VRB. Vase à sacrifice. (*av. J.-C., 46*) (30). F.D.C. AV.

173. CAESAR. Eléphant.
℞. Simpule, aspersoir, etc. (*av. J.-C., 50*) (49). B. AR.

JULES CÉSAR ET MARC-ANTOINE

174. CAESAR DIC. Tête laurée de Jules César, à droite.
℞. M. ANTON. IMP. Tête barbue de Marc-Antoine, à droite; derrière, le bâton d'augure. (*av. J.-C., 43*) (2). T.B. AR.

JULES CÉSAR ET AUGUSTE

175. C. CAESAR DICT. PERP. PONT. MAX. Tête laurée de Jules César, à droite.
℞. C. CAESAR COS. PONT. AVG. Tête nue d'Octave, à droite. (*av. J.-C., 44*) (2). T.B. AV.

176. DIVOS IVLIVS. Tête laurée de Jules César, à droite.
℞. CAESAR DIVI F. Tête nue d'Octave, à droite. (3). G. B.

BRUTUS

(44—42 av. J.-C.)

177. M. SERVILIVS LEG. Tête laurée de la Liberté, à droite.
℞. Q. CAEPIO BRVTVS IMP. Trophée avec un bouclier et deux javelots. (9). F.D.C. AV.

178. BRVT. IMP. L. PLAET. CEST. Tête nue de Brutus, à droite.
℞. EID. MAR. Bonnet entre deux poignards. (15). AR.

179. M. BRVTVS IMP. COSTA LEG. Tête nue de Brutus, à droite; le tout dans une couronne de chêne.
℞. L. BRVTVS PRIM. COS. Tête nue de Brutus l'ancien, à droite; le tout dans une couronne de chêne. (16). B. AV.

CASSIUS

(44—42 av. J.-C.)

180. C. CASSI. IMP. LEIBERTAS. Tête diadémée de la Liberté, à droite.
℞. LENTVLVS SPINT. Vase à sacrifice et bâton d'augure. (3). F.D.C. AV.

181. C. CASSI. IMP. Tête laurée de la Liberté, à droite.
℞. M. SERVILIVS LEG. Acrostolium. (8). F.D.C. AV.

AHENOBARBUS

(40 av. J.-C.)

182. AHENOBAR. Tête nue de Domitius Ahenobarbus, à droite.
℞. CN. DOMITIVS L. F. IMP. Temple à quatre colonnes vu de trois quarts; en haut, NEPT. *(av. J.-C., 40)* (1). F.D.C. AV.

SEXTUS POMPÉE

(44—42 av. J.-C.)

183. MAG. PIVS IMP. ITER. Le phare de Messine; devant, une galère.
℞. PRAEF. CLASS. ET ORAE MARIT. EX S. C. Le monstre Scylla. (2). B. AR.

SEXTUS POMPÉE, POMPÉE ET CN. POMPÉE

184. MAG. PIVS IMP. ITER. Tête nue, de Sextus Pompée, à droite; le tout dans une couronne de chêne.
℞. PRAEF. CLASS. ET ORAE MARIT. EX S. C. Têtes nues du grand Pompée et de Cnéus en regard; à gauche, le bâton d'augure; à droite, un trépied. (*av. J.-C., 38-35*) (1). T.B. AV.

LÉPIDE

(43—36 av. J.-C.)

185. M. LEPIDVS III. VIR R. P. C. Sa tête nue, à droite.
℞. L. REGVLVS IIII. VIR. A. P. F. Vestale, debout à gauche, tenant le simpule et une haste. (*av. J.-C., 43*) (3). F.D.C. AV.

LÉPIDE ET OCTAVE

186. LEPIDVS PONT. MAX. III. V. R. P. C. Sa tête nue, à droite.
℞. CAESAR IMP. III VIR R. P. C. Tête nue d'Octave, à droite. (*av. J.-C., 43*) (2). B. Æ.

MARC ANTOINE

(43—31 av. J.-C.)

187. ANT. AVG. III. VIR. R. P. C. Galère prétorienne.
℞. CHORTIVM PRAETORIARVM. Aigle légionnaire entre deux enseignes. (7). B. Æ.

188. ANT. AVG. III VIR R. P. C. Galère prétorienne.
℞. LEG. VI. Aigle légionnaire entre deux enseignes. (33). B. Æ.

MARC ANTOINE ET OCTAVE

189. M. ANTON. IMP. III. VIR R. P. C. Sa tête nue, à droite.

℞. CAESAR IMP. III. VIR R. P. C. Tête nue d'Octave, à droite. (*av. J.-C., 43*) (1). Æ. B.

190. ANTONIVS IMP. Sa tête nue, à droite.

℞. CAESAR IMP. Tête nue, barbue, d'Octave, à droite. (*av. J.-C., 43*) (5). F.D.C. AV.

FULVIE

191. Tête ailée de la Victoire sous les traits de Fulvie.

℞. C. NVMONIVS VAALA. Soldat attaquant un retranchement défendu par deux autres soldats. (2). AV.

ANTOINE ET OCTAVIE

192. M. ANTONIVS IMP. COS. DESIG. ITER ET TERT. Tête de Marc Antoine, à droite, couronnée de lierre; dessous, le bâton d'augure; le tout dans une couronne de lierre et de raisins.

℞. III. VIR R. P. C. Tête d'Octavie, à droite, sur la ciste mystique, autour de laquelle sont deux serpents entrelacés. (*de J.-C., 39-37*) (2). B. Æ.M.

AUGUSTE

(29 av. J.-C. — 14 ap. J.-C.)

193. CAESAR. Tête nue d'Auguste, à droite.

℞. AVGVSTVS. Vache marchant à gauche. (26). T. B. AV.

194. CAESAR AVGVSTVS DIVI F. PATER PATRIAE. Sa tête laurée, à droite.
℞. C. L. CAESARES AVGVSTI F. COS. DESIG. PRINC. IVVENT. Caius et Lucius debout, tenant chacun une haste et un bouclier; dans le champ, le simpule et le bâton d'augure. (*av. J.-C., 2*) (42). T.B. AV.

195. Tête nue d'Octave, à gauche.
℞. CAESAR DIVI F. Quadrige à gauche, sur lequel on voit un petit quadrige. (*av. J.-C., 35-28*) (76). T.B. AV.

196. S. P. Q. R. IMP. CAESARI AVG. COS. XI. TR. POT. VI. Sa tête nue, à droite.
℞. CIVIB. ET SIGN. MILIT. A PART. RECVP. Arc de triomphe sur lequel se voit Auguste dans un quadrige, entre deux Parthes qui tiennent, l'un une enseigne militaire, et l'autre une aigle légionnaire. (*av. J.-C., 19*) (82). B. AV.

197. DIVVS AVGVSTVS S. C. Sa tête radiée, à gauche.
℞. CONSENSV, etc. Auguste assis. (87). B. M.B.

198. DIVI F. Tête nue d'Octave, à droite; devant, une étoile.
℞. DIVOS IVLIVS, dans une couronne de laurier (*av. J.-C., 43-36*) (95). B. G.B.

199. AVGVSTVS DIVI F. Sa tête nue, à droite.
℞. IMP. X. Deux soldats présentant chacun une branche d'olivier à Auguste assis, à gauche, sur une estrade. (*av. J.-C., 12*) (132). F.D.C. AV.

200. AVGVSTVS DIVI F. Sa tête laurée, à droite.
℞. IMP. XII. ACT. Apollon Actien debout, à droite. (*av. J.-C., 10*) (162). T.B. AV.

201. AVGVSTVS DIVI F. Sa tête laurée, à droite.
℞. IMP. XIIII. Germain debout présentant un enfant à Auguste assis, à gauche, sur une estrade. (*av. J.-C., 8*) (174). B. AV.

202. CAESAR AVGVSTVS. Sa tête nue, à droite.
℞. IOVIS TONANT. Jupiter nu, tenant un foudre et un sceptre, debout, à gauche, dans un temple à six colonnes. (*av. J.-C., 22*) (184). T.B. AV.

203. CAESARI AVGVSTO. Sa tête nue, à droite.
℞. MART. VLTO. Temple rond à quatre colonnes; au milieu, une enseigne militaire. (*av. J.-C., 19*) (202). T.B. Æ.M.

204. AVGVSTVS. Sa tête nue, à droite.
℞. SIGNIS RECEPTIS. Capricorne, à droite. (*av. J.-C., 20*) (263). T.B. AV.

205. DIVO AVGVSTO. S. P. Q. R. Bouclier entouré d'une couronne de chêne et soutenu par deux capricornes; au milieu, OB CIVES SER.
℞. TI. CAESAR DIVI AVG. F. AVGVST. P. M. TR. POT. XXXVII, autour de S. C. (*de J.-C., 35*) (303). *Patine verte.* B. G.B.

206. C. CAESAR III. VIR R. P. C. Tête nue d'Octave, à droite.
℞. BALBVS PRO. PR. Massue. (*av. J.-C., 41*) (417.) T.B. Æ.

207. CAESAR AVGVSTVS. Sa tête laurée, à droite.
℞. M. DVRMIVS III. VIR. Crabe tenant un papillon. (433). B. AV.

208. OB. CIVIS SERVATOS. Couronne de chêne entre deux branches de laurier.
℞. T. QVINCTIVS. CRISPIN. SVLPIC. III. VIR. A. A. A. F. F., autour de S. C. (510). B. G.B.

209. DIVVS AVGVSTVS. Sa tête laurée, à droite.
℞. IMP. NERVA CAESAR AVGVSTVS REST., autour de S. C. (570). *Belle patine verte.* B. G.B.

LIVIE

210. PIETAS. Buste voilé et diadémé de Livie, à droite.
℞. DRVSVS CAESAR TI. AVGVSTI F. TR. POT. ITER. Dans le champ, S. C. (*de J.-C.) 23*) (1). B. M.B.

211. IVSTITIA. Buste diadémé de Livie, à droite.
℞. TI. CAESAR DIVI AVG. F. AVG. P. M. TR. POT. XXIIII. Dans le champ, S. C. (*de J.-C., 22*) (4). B. M.B.

212. SALVS AVGVSTA. Buste de Livie, à droite, coiffée en cheveux.
℞. Même revers. (5). B. M.B.

213. S. P. Q. R. IVLIAE AVGVST. En deux lignes. Carpentum attelé de deux mules, à droite.
℞. TI. CAESAR DIVI AVG. F. AVGVST. P. M. TR. POT. XXIIII. Dans le champ, S. C. (*de J.-C., 22*) (6). *Très belle patine.* T.B. G.B.

AGRIPPA ET AUGUSTE

(18—12 av. J.-C.)

214. M. AGRIPPA PLATORINVS III. VIR. Tête d'Agrippa, à droite, avec la couronne rostrale et murale.
℞. CAESAR AVGVSTVS. Tête d'Auguste, à droite. (*av. J.-C., 18*) (2). T.B. AV.

Belle pièce, malgré quelques légers coups qui ne touchent ni aux types ni aux légendes.

CAIUS CÉSAR

(6 av. J.-C. — 3 ap. J.-C.)

215. CAESAR. Tête nue, très jeune, à droite. Le tout dans une couronne de chêne.

℞. AVGVST. Grand candelabre dans une couronne composée de fleurs, de bucranes et de patères. (1).
F.D.C. AV.

216. CAESAR. Tête nue, très jeune, à droite. Le tout dans une couronne de chêne.
℞. AVGVST. Grand candelabre dans une couronne composée de fleurs, de bucranes et de patères. (2).
T.B. Æ.

TIBÈRE

(4–37 de J.-C.)

217. TI. CAESAR DIVI AVG. F. AVGVST. IMP VIII. Sa tête laurée, à gauche.
℞. MODERATIONIS S. C. Buste de la Modération, de face, sur un bouclier entouré d'une couronne de laurier. (*de J.-C., 21*) (5 *var.*). *Frappée sur un très grand flan.* T.B. M.B.

218. TI. CAESAR. DIVI AVG. F. AVGVSTVS. Sa tête laurée, à droite.
℞. PONTIF. MAXIM. Livie assise, à droite, tenant un sceptre et une fleur. (*de J.-C., 15*) (15). F.D.C. AV.

219. TI. CAESAR DIVI AVG. F. AVGVSTVS. Sa tête laurée, à droite.
℞. PONTIF. MAXIM. Livie assise, à droite. (16).
B. Æ.

220. TI. CAESAR AVGVST. F. IMPERATOR V. Sa tête nue, à droite.
℞. PONTIFEX TRIBVN. POTESTATE XII, autour de S. C. (*de J.-C., 10*) (27). T.B. M.B.

221. TI. CAESAR DIVI AVG. F. AVGVSTVS. Sa tête laurée, à droite.

℞. TR. POT. XVII. IMP. VII. Tibère dans un quadrige, à droite. (*de J.-C., 14*) (48). Æ.

222. TI. CAESAR DIVI AVG. F. AVGVST. P. M. TR. POT. XXXIIX, autour de S. C.
℞. Quadrige à droite orné de couronnes, d'une Victoire, de deux trophées et d'un captif à genoux. (*de J.-C., 36*) (67). *Belle patine verte.* T.B. G.B.

223. TI. CAESAR DIVI AVG. F. AVGVST. IMP. VIII. Sa tête nue, à gauche.
℞. C. VIBIO MARSO PR. COS. DR. CAE Q. PR. T. G. RVFVS F. C. D. D. P. P. Livie assise, à droite. (243). *Frappée à Carthage.* B. M.B.

TIBÈRE ET AUGUSTE

224. TI. CAESAR DIVI AVG. F. AVGVSTVS. Tête laurée de Tibère, à droite.
℞. DIVOS AVGVST. DIVI F. Tête laurée d'Auguste, à droite; dessus, un astre. (3). T.B. AV.

TIBÈRE ET DRUSUS

225. DRVSVS CAES. TI. AVG. COS. II TR. P. Sa tête nue, à gauche.
℞. TI. CAES. AVG. P. M. TR. P. XXXV. Tête laurée de Tibère, à droite. (*av. J.-C., 33*) (2). B. Æ.

NÉRON DRUSUS

226. NERO CLAVDIVS DRVSVS GERMANICVS IMP. Sa tête laurée, à gauche.

℞. DE GERMANIS. Drapeau au milieu de deux boucliers, quatre hastes et deux trompettes. (5). F.D.C. AV.

ANTONIA

227. ANTONIA AVGVSTA. Son buste à droite, couronné d'épis.
℞. CONSTANTIAE AVGVSTI. Cérès debout, de face, regardant à droite, tenant une torche allumée et une corne d'abondance. (1). F.D.C. AV.

228. ANTONIA AVGVSTA. Son buste, à droite, couronné d'épis.
℞. SACERDOS DIVI AVGVSTI. Deux torches allumées, réunies par des bandelettes et une guirlande. (4). T.B. AV.

229. ANTONIA AVGVSTA. Son buste, à droite, coiffé en cheveux.
℞. TI CLAVDIVS CAESAR AVG. P. M. TR. P. IMP. P. P. S. C. Claude voilé debout, à gauche, tenant le simpule. (6). B. M.B.

GERMANICUS

(4—19 de J.-C.)

230. GERMANICVS CAESAR TI. AVGVST. F. DIVI AVG. N. Sa tête nue, à gauche.
℞. C. CAESAR AVG. GERMANICVS PON. M. TR. POT. Dans le champ, S. C. (1). B. M.B.

231. GERMANICVS CAESAR. Germanicus dans un quadrige, à droite.
℞. SIGNIS RECEPT. DEVICTIS GERM. S. C. Germanicus debout tenant un sceptre et un aigle. (7). B. M.B.

AGRIPPINE MÈRE

232. AGRIPPINA M. F. MAT. C. CAESARIS AVGVSTI. Son buste, à droite.
℞. S. P. Q. R. MEMORIAE AGRIPPINAE. Carpentum, à gauche, attelé de deux mules. (1). T.B. G.B.

NÉRON ET DRUSUS

233. NERO ET DRVSVS CAESARES. Néron et Drusus galopant à droite.
℞. C. CAESAR DIVI AVG. PRON. AVG. P. M. TR. P. IIII. P. P. Dans le champ, S. C. (*de J.-C., 40*) (2). B. M.B.

CALIGULA

(37—41 de J.-C.)

234. C. CAESAR AVG. PON. M. TR. POT III. COS III. Sa tête laurée, à droite.
℞. S. P. Q. R. P. P. OB C. S. Dans une couronne de chêne. (*de J.-C., 37*) (20). T.B. AV.

235. C. CAESAR AVG. GERMANICVS PON. M. TR. POT. Sa tête laurée, à gauche.
℞. S. P. Q. R. P. P. OB. CIVES SERVATOS. Dans une couronne de chêne. (*de J.-C., 37*) (24).
Patine foncée. T.B. G.B.

236. C. CAESAR DIVI AVG. PRON. AVG. P. M. TR. P. III. P. P. Sa tête nue, à gauche.
℞. VESTA S. C. Vesta assise, à gauche. (*de J.-C., 40*) (28). T.B. M.B.

237. Même pièce. (28). *Belle patine verte.* B. M.B.

CALIGULA ET AUGUSTE

238. C. CAESAR AVG. GERM. P. M. TR. POT. Tête laurée de Caligula, à droite.
℞. DIVVS AVG. PATER PATRIAE. Tête radiée d'Auguste, à droite. (*de J.-C., 37*) (1). F.D.C. AV.

239. C. CAESAR AVG. GERM. P. M. TR. POT. Tête laurée de Caligula, à droite.
℞. DIVVS AVG. PATER PATRIAE. Tête radiée d'Auguste, à droite. (*de J.-C., 37*) (2). B. AR.

240. C. CAESAR. AVG. GERM. P. M. TR. POT. COS. Tête nue de Caligula, à droite.
℞. Tête radiée d'Auguste, à droite, entre deux étoiles. (*de J.-C., 37*) (10). T.B. AV.

CLAUDE

(41—54 de J.-C.)

241. TI. CLAVD. CAES. AVG. Sa tête nue, à gauche.
℞. DIAN. EPHE. Diane d'Ephèse debout, dans un temple à quatre colonnes; sur le fronton, deux statues. (30). *Frappé à Ephèse.* B. AR.M.

242. DIVVS CLAVDIVS AVGVSTVS. Sa tête laurée, à gauche.
℞. EX. S. C. Carpentum, à droite, attelé de quatre che-chevaux; sur le char on voit deux Victoires, un quadrige et deux bas-reliefs. (31). T.B. AV.

243. TI. CLAVDIVS CAESAR AVG. P. M. T. R. P. IMP. Sa tête laurée, à droite.

℞. EX. S. C. OB CIVES SERVATOS, dans une couronne de chêne. (39). *Belle patine.* B. G.B.

244. TI. CLAVDIVS CAESAR AVG. P. M. TR. P. IMP. P. P. Sa tête nue, à gauche.
℞. IMP. D. AVG. REST. Pallas combattant, à droite. (*Inédite.*) B. M.B.

245. TI. CLAVD. CAESAR. AVG. P. M. TR. P. IIII. Sa tête laurée, à droite.
℞. IMP. RECEPT. Ecrit sur un camp prétorien, à la porte duquel est un soldat debout, près d'une enseigne militaire. (*de J.-C., 44*) (43). T.B. AV.

246. TI. CLAVD. CAESAR AVG. P. M. TR. P. VI IMP. XI. Sa tête laurée, à droite.
℞. PACI AVGVSTAE. La Paix avec les emblèmes de Némésis. (*de J.-C., 45*) (58). Æ.

247. TI. CLAVD. CAESAR AVG. P. M. TR. P. IIII. Sa tête laurée, à droite.
℞. PACI AVGVSTAE. La Paix avec les emblèmes de Némésis, marchant à droite et tenant un caducée; elle est précédée par un serpent. (*de J.-C., 41*) (55). F.D.C. AV.

248. TI. CLAVDIVS CAESAR AVG. Modius.
℞. PON. M. TR. P. IMP. P. P. COS II, autour de S. C. (72). B. P.B.

MESSALINE ET CLAUDE

249. ΤΙ ΚΛΑΥΔΙΟΣ ΚΑΙΣΑΡ ΓΕΡ. ΣΕΒΑΣΤΟΥ. Tête nue de Claude, à gauche.
℞. ΟΥΑΛΕ.... ΜΕΣΣΑΛΕΙΝΑ. Buste de Messaline, la tête nue, à droite. (*Incertaine.*) B. Æ.

BRITANNICUS ET NÉRON

250. **ΒΡΕΤΑΝΝΙΚΟΣ ΚΑΙΣΑΡ**. Sa tête nue, à droite.
℞. **ΝΕΡΩΝ ΚΑΙΣΑΡ**. Tête nue de Néron. (1). T.B. P.B.

CLAUDE ET AGRIPPINE

251. AGRIPPINAE AVGVSTAE. Buste d'Agrippine, à droite, couronné d'épis.
℞. TI. CLAVD. CAESAR AVG. GERM. P. M. TRIB. POT. P. P. Tête laurée de Claude, à droite. (3).
T.B. AV.

252. AGRIPPINAE AVGVSTAE. Buste d'Agrippine, à droite, couronné d'épis.
℞. TI. CLAVD. CESAR AVG. GERM. TRIB. POTES. P. P. Tête laurée de Claude, à droite. (4 *var.*).
Fourrée. AR.

AGRIPPINE JEUNE ET NÉRON

253. AGRIPP. AVG. DIVI CLAVD. NERONIS CAES. MATER. Buste d'Agrippine et tête nue de Néron, en regard.
℞. NERONI CLAVD. DIVI F. CAES. AVG. GERM. IMP. TR. P. Couronne de chêne dans laquelle on lit : EX. S. C. (6). F.D.C. AV.

NÉRON
(50—68)

254. NERO CLAVDIVS CAESAR AVG. GER. P. M. TR. P. IMP. P. P. Sa tête laurée, à gauche.
℞. ANNONA AVGVSTI CERES S. C. Cérès assise; debout, devant elle, l'Abondance; entre les deux, un autel; dans le lointain, un vaisseau. (18).
Belle patine. T.B. G.B.

255. NERO CAESAR AVGVSTVS. Sa tête laurée, à droite.
℞. AVGVSTVS AVGVSTA. Auguste radié tenant un sceptre et une patère, et Livie voilée, tenant une patère et une corne d'abondance; tous deux debout, à gauche. (42). T.B. AV.

256. NERO CLAVDIVS CAESAR AVG. GERM. P. M. TR. P. IMP. P. P. Son buste lauré, à gauche.
℞. CONG. II. DAT. POP. S. C. Néron assis sur une estrade; à côté de lui, le préfet du prétoire; plus bas, un soldat tenant une tessère, et un homme en toge. (79). *Patine foncée.* T.B. G.B.

257. NERONI CLAVDIO DRVSO GERM. COS. DESIGN. Son buste jeune, nu-tête, drapé, à droite.
℞. EQVESTER ORDO PRINCIPI IVVENT. Sur un bouclier derrière lequel est une haste. (*de J.-C., 51*) (96). T.B. AV.

258. NERO CAESAR AVGVSTVS. Sa tête laurée, à droite.
℞. IANVM CLVSIT PACE P. R. TERRA MARIQ. PARTA. Le temple de Janus fermé. (114). T.B. AV.

259. NERO CAESAR AVGVSTVS. Sa tête laurée, à droite
℞. IVPPITER CVSTOS. Jupiter assis, à gauche, tenant un foudre et un sceptre. (118). F.D.C. AV.

260. NERO CAESAR AVG. IMP. Sa tête nue, à droite.
℞. PONTIF. MAX. TR. P. IIII P. P., autour d'une couronne de chêne dans laquelle on lit : EX. S. C. (*de J.-C., 57*) (208). F.D.C. AV.

261. NERO CAESAR AVG. IMP. Sa tête nue, à droite.
℞. PONTIF. MAX. TR. P. VII COS. IIII P. P., autour d'une couronne de chêne dans laquelle on lit : EX. S. C. (*de J.-C., 60*) (215). F.D.C. AV.

262. IMP. NERO CLAVD. CAESAR AVG. GERM. P. M. TR. P. XIII P. P. Sa tête laurée, à droite.
℞. ROMA S. C. Rome assise, à gauche, sur une cuirasse, tenant une haste et appuyée sur un bouclier. (*de J.-C., 66*) (285). *Belle patine verte.* T.B. G.B.

263. NERO CAESAR AVGVSTVS. Sa tête laurée, à droite.
℞. VESTA. Temple rond à six colonnes. (335). B. Æ.

264. IMP. NERO. CAESAR AVG. P. MAX. TR. P. P. P. Sa tête laurée, à gauche.
℞. VICTORIA AVGVSTI S. C. Victoire marchant à gauche. (344). B. M.B.

POPPÉE

265. ΠΟΠΠΑΙΑ ΣΕΒΑΣΤΗ. Buste de Poppée, à droite.
℞. ΠΕ. Vase entre deux épis dans une couronne de laurier. (1). *Ville incertaine.* T.B. M.B.

CLODIUS MACER

(68)

266. L. CLODI. MACRI LIBERATRIX S. C. Buste de l'Afrique, à droite; derrière, des flèches.

℞. LEG. III LIB. AVG. Aigle romaine entre deux enseignes militaires. (6). B. AR.

INTERRÈGNE

(68)

267. MARS VLTOR. Tête casquée de Mars, à droite.
℞. SIGNA P. R. Aigle romaine, avec une couronne de perles dans son bec, entre deux enseignes militaires et un autel allumé. (405). T.B. AV.

268. SALVS GENERIS HVMANI. Victoire, à droite, debout sur un globe, tenant une couronne et une palme.
℞. S. P. Q. R. Dans une couronne de chêne. (429 *var.*). F.D.C. AR.

GALBA

(68—69)

269. IMP. SER. GALBA CAESAR AVG. Sa tête laurée, à droite.
℞. HISPANIA. L'Espagne marchant à gauche, tenant deux hastes, un bouclier et deux épis avec un pavot. (85 *var.*). B. AR.

270. IMP. SER. GALBA AVG. TR. P. Sa tête laurée, à droite.
℞. PAX AVGVST. S. C. La Paix debout, à gauche, tenant une branche d'olivier et un rameau. (151). T.B. M.B.

271. SER. SVLPI. GALBA IMP. CAESAR AVG. P. M. TR. P. Sa tête nue, à droite.
℞. S. C. Victoire marchant à gauche. (264 *var.*). T.B. M.B.

272. IMP. SER GALBA AVG. Sa tête nue, à droite.
℞. S. P. Q. R. OB C. S. Dans une couronne de chêne. (286). T.B. AV.

273. IMP. SER. GALBA AVG. Sa tête nue, à droite.
℞. S. P. Q. R. OB C. S. Dans une couronne de chêne. (287). T.B. AR.

274. SER. GALBA IMP. CAES. AVG. TR. P. Sa tête laurée, à droite.
℞. VESTA S. C. Vesta voilée, assise à gauche. (312). B. M.B.

OTHON

(69)

275. IMP. OTHO CAESAR AVG. TR. P. Sa tête nue, à droite.
℞. PAX ORBIS TERRARVM. La Paix debout, à gauche, tenant une branche d'olivier et un caducée. (2). B. AV.

276. IMP. M. OTHO CAESAR AVG. TR. P. Sa tête nue, à droite.
℞. SECVRITAS P. R. La Sécurité debout, à gauche, tenant une couronne et un sceptre. (16). T.B. AV.

VITELLIUS

(69)

277. A. VITELLIVS GERM. IMP. AVG. TR. P. Sa tête laurée, à droite.
℞. CONCORDIA P. R. La Concorde assise, à gauche, tenant une patère et une double corne d'abondance. (17). T.B. AV.

278. A. VITELLIVS GERMANICVS IMP. AVG. P. M. TR. P. Son buste lauré et drapé, à droite.
℞. HONOS ET VIRTVS S. C. L'honneur debout, à droite, tenant une haste et une corne d'abondance; en face, la Valeur tenant un parazonium et une haste. (38). *Patine foncée.* B. G.B.

279. A. VITELLIVS GERM. IMP. AVG. TR. P. Sa tête laurée, à droite.
℞. L. VITELLIVS COS III. CENSOR. Vitellius père assis, à gauche, tenant un rameau et un sceptre surmonté d'un aigle. (54). F.D.C. AV.

280. A. VITELLIVS GERM. IMP. AVG. TR. P. Sa tête laurée, à droite.
℞. PONT. MAXIM. Vesta voilée assise, à droite, tenant une patère et un sceptre. (71). F.D.C. AV.

281. A. VITELLIVS GERMANICVS IMP. AVG. P. M. TR. P. Son buste lauré et drapé, à droite.
℞. S. C. Mars nu, le manteau flottant, marchant à droite, portant une haste transversale et une aigle romaine. (80). *Patine foncée.* T.B. G.B.

282. A. VITELLIVS GERM. IMP. AVG. TR. P. Sa tête laurée, à droite.
℞. XV. VIR. SACR. FAC. Trépied; dessus, un dauphin; dans l'intérieur, un corbeau. (111). Æ.

VITELLIUS ET SES ENFANTS

283. A. VITELLIVS GERMAN. IMP. TR. P. Sa tête laurée, à droite.
℞. LIBERI AVG. GERMAN. Bustes en regard de son fils et de sa fille. (6). B. AV.

VITELLIUS ET VITELLIUS PÈRE

284. L. VITELLIVS COS. III CENSOR. Buste lauré et drapé de Vitellius père, à droite; devant, un sceptre surmonté d'un aigle.
℞. A. VITELLIVS GERM. IMP. AVG. TR. P. Tête laurée de Vitellius, à droite. (2). T.B. AV.

VESPASIEN

(69—79)

285. IMP. CAESAR VESPASIANVS AVG. Sa tête laurée, à gauche.
℞. COS. VIII. Vespasien debout, à gauche, en habit militaire, tenant un sceptre et un rouleau et couronné par la Victoire. (*de J.-C.*, *77-78*) (131). F.D.C. AV.

286. DIVO. AVG. VESPAS. S. P. Q. R. Vespasien tenant un sceptre et une Victoire, assis sur un quadrige d'éléphants, à droite, montés par quatre cornacs.
℞. IMP. T. CAES. DIVI VESP. F. AVG. P. M. TR. P. P. COS. VIII. Dans le champ, S. C. (206).
Patine foncée. T.B. G.B.

287. IMP. CAESAR VESPASIANVS AVG. Sa tête laurée, à droite.
℞. IVDAEA. La Judée assise, à droite, pleurant au pied d'un trophée. (225). T.B. AV.

288. IMP. CAES. VESPASIAN. AVG. P. M. TR. P. P. P. COS. III. Sa tête laurée, à droite.
℞. IVDAEA CAPTA S. C. Vespasien debout, en habit militaire, tenant une haste; à droite, un palmier derrière lequel la Judée en pleurs, assise sur une cuirasse. (*de J.-C.*, *71*) (239). *Patine foncée.* T.B. G.B.

289. IMP. CAESAR VESPASIANVS AVG. Sa tête laurée, à droite.
℞. PON. MAX. TR. P. COS. VI. Femme assise, à gauche, tenant un rameau. (366). T.B AR.

290. IMP. CAES. VESPASIANVS AVG. COS. III. Sa tête laurée, à droite.
℞. ROMA. S. C. Rome debout, à gauche, en habit militaire, tenant une haste et un parazonium. (*Inédite.*) B. M.B.

291. IMP. CAESAR VESPASIAN. COS VIII. Sa tête laurée, à gauche.
℞. S. C. L'Espérance marchant à gauche. (460). B. M.B.

292. IMP. CAESAR VESPASIANVS AVG. TR. P. Sa tête laurée, à droite.
℞. TRIVMP. AVG. Vespasien dans un quadrige, à droite, tenant une branche de laurier et couronné par la Victoire; en avant, un soldat et un captif nu, les mains liées derrière le dos; en arrière, un joueur de flûte. (567). T.B. AV.

293. IMP. CAES. VESP. AVG. CENS. Sa tête laurée, à droite.
℞. VESTA. Temple rond à quatre colonnes; au milieu et de chaque côté, une statue. (578). T.B. AV.

294. IMP. CAESAR VESP. AVG. CENSOR. Sa tête laurée, à droite.
℞. VESTA. Temple rond à quatre colonnes; au milieu et de chaque côté, une statue. (580). B. AV.

295. IMP. CAES. VESP. AVG. P. M. COS. IIII. Sa tête laurée, à droite.
℞. VIC. AVG. Victoire debout, à droite, sur un globe, tenant une couronne et une palme. (586). F.D.C. AV.

296. DIVO VESPASIANO. Sa tête radiée, à droite.
℞. CONSECRATIO. Autel allumé. (652). B. BIL.

VESPASIEN TITUS ET DOMITIEN

297. IMP. VESPA. AVG. P. M. TRI. P. II. COS. IIII. Tête laurée de Vespasien, à gauche.
℞. CAE. DOM. ET TI. CAES. IMP. VESPAS. Têtes nues en regard de Titus et Domitien (*de J.-C.*, 72) (8). B. AV.

VESPASIEN ET DOMITILLE

298. DIVA DOMITILLA AVGVSTA. Son buste, à droite.
℞. DIVVS AVGVSTVS VESPASIANVS. Tête radiée de Vespasien, à droite. (1). B. AV.

DOMITILLE JEUNE

299. MEMORIAE DOMITILLAE S. P. Q. R. Char attelé de deux mules, à droite, et orné de cinq figures.
℞. IMP. T. CAES. DIVI VESP. F. AVG. P. M. TR. P. P. P. COS. VIII. Dans le champ, S. C. (*de J.-C.*, 80) (1). *Patine foncée.* T.B. G.B.

TITUS

(71—79)

300. T. CAESAR VESPASIANVS. Sa tête laurée, à droite.
℞. ANNONA AVG. L'Abondance assise, à gauche, accoudée à son siège et relevant de la main droite la draperie de sa robe. (16). F.D.C. AV.

301. T. DIVO AVG. DIVI VESP. F. VESPASIANO. Sa tête laurée, à gauche.
℞. FELICIT. PVBLIC. S. C. La Félicité debout, à gauche, tenant un sceptre et une corne d'abondance. (75). *Belle patine verte.* T.B. G.B.

302. T. CAESAR IMP. COS. III. CENS. Sa tête radiée, à droite.
℞. FELICITAS PVBLICA S. C. La Félicité debout, à gauche. (81). B. M.B.

303. T. CAES. VESP. AVG. P. M. TR. P. COS. VIII. Sa tête laurée, à gauche.
℞. GENIO P. R. S. C. Génie devant un autel allumé. (97). B. M.B.

304. T. CAESAR IMP. VESPASIAN. Sa tête laurée, à droite.
℞. PAX AVGVST. La Paix assise, à gauche, tenant une branche d'olivier et un sceptre. (134). F.D.C. AV.

305. T. CAESAR VESPASIAN. IMP. III. PON. TR. POT. II. COS. II. Son buste lauré, à droite, avec la cuirasse et l'égide.
℞. S. C. Titus dans un quadrige au pas, à droite, tenant un sceptre et une branche de laurier. (*de J.-C.*, 72) (231). *Patine verte.* T.B. G.B.

306. IMP. TITVS CAES. VESPASIAN. AVG. P. M. Sa tête laurée, à droite.
℞. TR. P. IX. IMP. XV. COS. VIII. P. P. Foudre sur un trône. (316). B. Æ.

307. T. CAES. IMP. VESP. PON. TR. POT. CENS. Sa tête laurée, à droite.
℞. VESTA. La statue de Vesta debout, au milieu d'un temple rond; de chaque côté, une statue. (349). T.B. AV.

308. T. CAES. IMP. PON. TR. P. COS. II. CENS. Sa tête laurée, à droite.

℞. VICTORIA NAVALIS S. C. Victoire debout sur une proue de vaisseau. (386). B. M.B.

309. IMP. T. CAES. VESP. AVG. P. M. TR. P. P. P. COS. VII. S. C. Titus assis au milieu d'armes telles que boucliers, casques, etc.

℞. *Sans légende*. Le Colisée ; à gauche, une pyramide ; à droite, une portion de la Maison d'Or. (*de J.-C., 80*) (400). B. G.B.

310. DIVVS TITVS. Sa tête laurée, à gauche.

℞. IMP. CAES. TRAIAN. AVG. GER. DAC. P. P. REST. Chaise curule surmontée d'un foudre ailé. (403). T.B. AV.

JULIA (Titi)

311. IVLIA AVGVSTA. Son buste, à droite.

℞. DIVI. TITI FILIA. Paon de face faisant la roue. (6). T.B. AV.

312. IVLIA IMP. T. AVG. F. AVGVSTA. Son buste, à droite.

℞. VESTA. Vesta voilée, assise, à gauche. (16). B. AR.

DOMITIEN

(81—96)

313. IMP. CAES. DOMIT. AVG. GERM. P. M. TR. P. VIII. CENS. PER. P. P. Sa tête laurée, à droite.

℞. COS XIIII. LVD. SAEC. FEC. S. C. Temple à quatre colonnes ; à gauche, Domitien debout et trois figures à genoux, tendant les mains vers lui. (*de J.-C., 88*) (80). *Patine foncée*. B. G.B.

314. IMP. CAES. DOMIT. AVG. GERM. COS. XIIII CENS. PER. P. P. Sa tête laurée, à droite.
℞. FIDEI PVBLICAE S. C. La Bonne Foi debout, à droite. (115). T.B. M.B.

315. DOMITIANVS AVGVSTVS. Sa tête laurée, à droite.
℞. GERMANICVS COS. XIIII. Esclave germaine en pleurs, assise, à droite, sur un bouclier; au dessous, une haste brisée. (148). F.D.C. AV.

316. DOMITIANVS AVG. GERM. Sa tête nue, à droite.
℞. IMP. CAESAR, sur la frise d'un temple à six colonnes. (174). B. AR.

317. IMP. CAES. DOMIT. AVG. GERM. P. M. TR. P. V. Sa tête laurée, à droite.
℞. IMP. XI. COS. XII. CENS. P. P. P. Victoire marchant à droite. (197). F.D.C. AR.Q.

318. IMP. CAES. DOMIT. AVG. GERM. COS. XVI. CENS. PER. P. P. Sa tête laurée, à droite.
℞. IOVI VICTORI S. C. Jupiter assis, à gauche, tenant une Victoire et un sceptre. (*de J.-C., 92-94*) (315).
Belle patine verte. T.B. G.B.

319. IMP. CAES. DOMIT. AVG. GERM. COS. XI. CENS. POT. P. P. Son buste lauré, à droite, avec l'égide.
℞. S. C. Domitien debout, à gauche, tenant une haste; devant lui, un Germain à genoux déposant un bouclier et un casque. (*de J.-C., 85*) (489).
Belle patine vert clair. T.B. G.B.

320. IMP. CAES. DIVI VESP. F. DOMITIAN. AVG. P. M. Sa tête laurée, à droite.
℞. TR. P. COS. VIII. DES. VIIII. P. P. S. C. Pallas debout, à droite. (587). B. M.B.

321. IMP. CAES. DOMITIANVS AVG. P. M. Sa tête laurée, à droite.

℞. TR. POT. IMP. II. COS. VIII. DES. IX. P. P. Buste casqué de Pallas, à gauche, avec l'égide sur la poitrine, tenant un sceptre. (*de J.-C., 82*) (609).
F.D.C. AV.

NERVA

(96—98)

322. IMP. NERVA. CAES. AVG. P. M. TR. P. COS III. P. P. Sa tête laurée, à droite.
℞. AEQVITAS AVGVST. S. C. L'Equité debout, à gauche. (7). T.B. M.B.

323. IMP. NERVA CAES. GERM. P. M. TR. P. II. COS. III. P. P. Sa tête laurée, à droite.
℞. AEQVITAS AVGVST. L'Equité debout, à gauche. (9). T.B. Æ.

324. IMP. NERVA CAES. AVG. P. M. TR. P. COS. III. P. P. Sa tête laurée, à droite.
℞. CONCORDIA EXERCITVVM. Deux mains jointes, tenant une aigle légionnaire posée sur une proue. (*de J.-C., 97*) (28). F.D.C. AV.

325. IMP. NERVA. CAES. AVG. P. M. TR. POT. Sa tête laurée, à droite.
℞. COS. III. P. P. Simpule, aspersoir, vase à sacrifice et bâton d'augure. (*de J.-C., 97*) (*Inédite*). F.D.C. AV.

326. IMP. NERVA CAES. AVG. P. M. TR. P. COS. III. P. P. Sa tête laurée, à droite.
℞. FORTVNA P. R. La Fortune assise, à gauche, tenant deux épis et un sceptre. (*de J.-C., 97*) (78). F.D.C. AV.

327. IMP. NERVA CAES. AVG. P. M. TR. P. II. COS. III. P. P. Sa tête laurée, à droite.
℞. LIBERTAS PVBLICA S. C. La Liberté debout, à gauche. (119). B. M.B.

328. IMP. NERVA CAES. AVG. P. M. TR. P. COS. III. P. P. Sa tête laurée, à droite.
℞. ROMA RENASCENS S. C. Rome assise, à gauche, tenant une Victoire et une haste. (*de J.-C., 96*) (131). *Belle patine verte*. B. G.B.

TRAJAN

(98—117)

329. IMP. TRAIANO AVG. GER. DAC. P. M. TR. P. Son buste lauré, drapé et cuirassé, à droite.
℞. ALIM. ITAL. COS. V. P. P. S. P. Q. R. OPTIMO PRINC. Trajan debout, à gauche, distribuant des secours à deux enfants. (*de J.-C., 104-110*) (15).
T.B. AV.

330. IMP. TRAIANO AVG. GER. DAC. P. M. TR. P. COS. VI. P. P. Son buste lauré, à droite.
℞. ARAB. ADQ. S. P. Q. R. OPTIMO PRINCIPI. L'Arabie debout, de face. (*de J.-C., 112-117*) (26). B. AR.

331. IMP. TRAIANO. AVG. GER. DAC. P. M. TR. P. Sa buste lauré, à droite.
℞. COS. V. P. P. S. P. Q. R. OPTIMO PRINC. Temple à huit colonnes; au milieu, la statue de la Paix debout; au dessus du fronton, cinq statues dont quatre tiennent des hastes. (*de J.-C., 104-110*) (97).
T.B. AV.

332. IMP. TRAIANO OPTIMO AVG. GER. DAC. P. M. TR. P. Son buste lauré, à droite.
℞. COS. VI. P. P. S. P. Q. R. La colonne trajane. (115). B. AR.

333. IMP. TRAIANO AVG. GER. DAC. P. M. TR. P. Sa tête laurée, à droite.

℞. DAC. CAP. COS. V. P. P. S. P. Q. R. OPTIMO PRINC. Dace en pleurs, assis, à droite, sur des armes. (*de J.-C., 105*) (119). B. AR.

334. IMP. CAES. NERVAE TRAIANO AVG. GER. DAC. P. M. TR. P. COS. VI. P. P. Son buste lauré, à droite.

℞. FORTVNAE REDVCI S. C. La Fortune assise, à gauche, tenant un gouvernail et une corne d'abondance. (164). B. G.B.

335. IMP. CAES. NER. TRAIANO OPTIMO AVG. GER. DAC. P. M. TR. P. COS. VI. P. P. Son buste lauré et drapé, à droite.

℞. IMPERATOR VIII S. C. Trajan assis sur une estrade, accompagné de deux personnages haranguant quatre soldats et un chef. (*de J.-C., 115*) (176). *Patine foncée.* T.B. G.B.

336. IMP. CAES NERVAE TRAIANO AVG. GER. DAC. P. M. TR. P. COS. V. P. P. Sa tête laurée, à droite.

℞. S. P. Q. R. OPTIMO PRINCIPI S. C. Victoire debout, à droite, tenant un stylet et attachant à un arbre un bouclier sur lequel elle écrit VIC. DAC. (*de J.-C., 104-110*) (452). *Belle patine verte.* T.B G.B.

337. IMP. TRAIANO AVG. GER. DAC. P. M. TR. P. COS. V. P. P. Son buste lauré et drapé, à droite.

℞. S. P. Q. R. OPTIMO PRINCIPI. Trajan galopant, à droite, tenant une haste et terrassant un ennemi. (*de J.-C., 104-110*) (501). T.B. AV.

338. IMP. CAES NERVAE TRAIANO AVG. GER. DAC. P. M. TR. P. COS. V. P. P. Son buste lauré, à droite.

℞. S. P. Q. R. OPTIMO PRINCIPI S. C. Pont du Danube orné, à chaque extrémité, d'une tour surmontée de trois statues. (*de J.-C., 104-110*) (542).
Belle patine verte. T.B. G.B.

339. Même légende, sa tête laurée, à droite.
℞. S. P. Q. R. OPTIMO PRINCIPI S. C. Le grand cirque. (*de J.-C., 104-110*) (545). B. G.B.

340. IMP. CAES. NERVAE TRAIANO AVG. GER. DAC. P. M. TR. P. COS. V. P. P. Son buste lauré, à droite.
℞. S. P. Q. R. OPTIMO PRINCIPI. Temple à huit colonnes. (553). *Patine vert clair.* T.B. M.B.

341. IMP. CAES. NERVAE TRAIANO AVG. GER. DAC. P. M. TR. P. COS. V. P. P. Sa tête laurée, à droite.
℞. S. P. Q. R. OPTIMO PRINCIPI. Trophée d'armes. (569). T.B. M.B.

TRAJAN ET TRAJAN PÈRE

342. DIVVS PATER TRAIANVS. Buste de Trajan père nu-tête, drapé, à droite.
℞. IMP. TRAIANVS AVG. GER. DAC. P. M. TR. P. COS. VI. P. P. Buste lauré et drapé de Trajan, à droite. (*de J.-C., 114*) (2). T.B. AV.

HADRIEN

(117—138)

343. HADRIANVS AVG. COS. III. P. P. Son buste lauré et drapé, à droite.

℞. ADVENTVI AVG. AFRICAE S. C. Hadrien, tourné à droite, levant la main vers l'Afrique tournée à gauche, coiffée de la trompe d'éléphant; entre eux, un autel allumé et une victime. (10).

Patine vert clair. B. G.B.

344. HADRIANVS AVG. COS. III. P. P. Son buste lauré et drapé, à droite.

℞. AEGYPTOS S. C. L'Egypte couchée, à gauche, tenant un sistre, le bras gauche posé sur un panier plein de fruits; devant elle, un ibis sur un cippe. (112). T.B. G.B.

345. HADRIANVS AVG. COS. III. P. P. Son buste lauré et drapé, à droite.

℞. AFRICA S. C. L'Afrique coiffée de la trompe d'éléphant, couchée, à gauche, tenant un scorpion et une corne d'abondance (144). *Patine foncée.* T.B. G.B.

346 HADRIANVS AVG. COS. III. P. P. Son buste lauré et drapé, à droite.

℞. AFRICA S. C. L'Afrique couchée, à gauche. (145). B. M.B.

347. HADRIANVS AVG. COS. III. P. P. Sa tête nue, à droite.

℞. ASIA. L'Asie debout, à gauche, le pied sur une proue, tenant un acrostolium et une rame. (188). Æ.

348. HADRIANVS AVG. COS. III. P. P. Son buste lauré, drapé et cuirassé, à droite.

℞. CAPPADOCIA S. C. La Cappadoce, debout, à gauche. (207). B. M.B.

349. HADRIANVS AVGVSTVS. Sa tête laurée, à droite.

℞. COS III. Hadrien à cheval, à droite, levant la main droite. (405 *var.*). T.B. AV.

350 HADRIANVS AVG. COS. III. P. P. Son buste lauré et drapé, à droite.

℞. DACIA. S. C. La Dacie assise, à gauche, sur un rocher. (529). B. M.B.

351. HADRIANVS AVGVSTVS. Son buste lauré et drapé, à gauche.

℞. FELICITATI AVG. COS. III. P. P. S. C. Vaisseau allant à gauche, la poupe ornée d'un acrostolium et de deux enseignes. (698). T.B. G.B.

352. IMP. CAESAR TRAIANVS HADRIANVS AVG. Son buste lauré, à droite.

℞. HILAR. P. R. P. M. TR. P. COS. III. L'Allégresse debout de face. (816). T.B. AR.

353. HADRIANVS AVGVSTVS P. P. Sa tête radiée, à droite.

℞. HILARITAS P. R. COS. III. S. C. L'Allégresse debout, à gauche, donnant une palme à un jeune garçon; derrière, une jeune fille. (820). T.B. M.B.

354. HADRIANVS AVG. COS. III. P. P. Sa tête nue, à gauche.

℞. HISPANIA. L'Espagne couchée, à gauche, tenant une branche d'olivier, et le coude gauche appuyé sur un rocher. (828). T.B. AV.

355. HADRIANVS AVG. COS. III. P. P. Son buste lauré et drapé, à droite.

℞. MAVRETANIA. La Mauritanie debout, à droite, conduisant un cheval par la bride. (960). B. M.B.

356. IMP. CAES. TRAIAN. HADRIANO AVG. DIVI TRA. PARTH. F. Son buste lauré, drapé et cuirassé, à droite.

℞. ORIENS DIVI NER. NEP. P. M. TR. P. COS. Buste radié du Soleil, à droite. (*de J.-C., 117*) (1003). F.D.C. AV.

357. HADRIANVS AVG. COS. III. P. P. Son buste lauré et drapé, à droite.

℞. S. C. Le Nil couché, à droite, tenant un roseau et une corne d'abondance; sur lui, deux enfants; derrière, un Egyptien ; dessous, un crocodile. (1377). T.B. G.B.

358. HADRIANVS AVG. COS. III. P. P. Sa tête nue, à droite.
℞. VOTA PVBLICA. Hadrien debout, à gauche, sacrifiant auprès d'un autel et tenant un rouleau ; à gauche, un victimaire amenant un taureau et tenant un marteau, un soldat, portant une haste, un joueur de double flûte et un enfant qui s'approche de l'autel. (1480). B. AV.

359. HADRIANVS AVG. COS. III. P. P. Sa tête laurée, à droite.
℞..... L'empereur à cheval haranguant trois soldats. G.B.

SABINE

360. SABINA AVGVSTA HADRIANI AVG. P. P. Son buste diadémé, à gauche, avec la queue.
℞. CONCORDIA AVG. S. C. La Concorde assise, à gauche. (19). B. M.B.

361. SABINA AVGVSTA HADRIANI AVG. P. P. Son buste diadémé, à gauche, avec la queue.
℞. CONCORDIA AVG. La Concorde assise, à gauche, tenant une patère. (26). F.D.C. AV.

362. DIVA AVG. SABINA. Son buste voilé et diadémé, à droite.
℞. CONSECRATIO. Sabine, tenant un sceptre et portant un voile, enlevée par un aigle qui court à droite. (27). T.B. AV.

363. SABINA AVGVSTA HADRIANI AVG. P. P. Son buste diadémé, à droite, avec la queue.
℞. IVNONI REGINAE S. C. Junon voilée debout, à gauche, tenant une patère et un sceptre. (38).
Patine verte. B. G.B.

364. SABINA AVGVSTA. Son buste diadémé, à droite.
℞. IVNONI REGINAE. Junon debout, à gauche. (43). B. Æ.

365. SABINA AVGVSTA. Son buste, à droite, avec la queue.
℞. IVNONI REGINAE. Junon diadémée et voilée, debout, à gauche, tenant une patère et un sceptre; à ses pieds, un paon. (46). F.D.C. AV.

366. SABINA AVGVSTA HADRIANI AVG. P. P. Son buste diadémé, à droite, avec la coiffure relevée.
℞. S. C. Cérès assise, à gauche, sur un panier, tenant des épis et un flambeau. *Inédite.* T.B. G.B.

367. SABINA AVGVSTA HADRIANI AVG. P. P. Son buste diadémé, à droite, avec la queue.
℞. PIETAS S. C. La Piété assise, à gauche. (49). B. M.B.

368. SABINA AVGVSTA HADRIANI AVG. P. P. Son buste diadémé, à droite, avec la coiffure relevée sur la nuque.
℞. *Sans légende.* Vesta assise, à gauche, tenant le palladium et un sceptre. (84). T.B. AV.

AELIUS

(136–138)

369. L. AELIVS CÉSAR. Sa tête nue, à gauche.
℞. CONCORD, *à l'exergue.* TR. POT. COS. II, *à l'entour.* La Concorde assise, à gauche, tenant une patère, et le coude gauche appuyé sur une corne d'abondance posée sur une base. (4). F.D.C. AV.

370. L. AELIVS CAESAR. Son buste nu et drapé, à droite.
℞. CONCORD. TR. POT. COS. II. S. C. La Concorde assise, à gauche, tenant une patère, et le coude gauche appuyé sur une corne d'abondance. (6). T.B. G.B.

371. L. AELIVS CAESAR. Sa tête nue, à droite.
℞. CONCORD. TR. POT. COS. II. S. C. La Concorde assise, à gauche. (8). B. M.B.

372. L. AELIVS CAESAR. Sa tête nue, à droite.
℞. TR. POT. COS. II. La Santé debout, à gauche, nourrissant un serpent. (54). Æ.

373. L. AELIVS CAESAR. Sa tête nue, à droite.
℞. TR. POT. COS. II. L'Espérance, marchant à gauche. S. C. (57). B. M.B.

ANTINOÜS

374. **ΗΡΩΟϹ ΑΝΤΙΝΟΟϹ**. Buste d'Antinoüs, à droite.
℞. **LΙΘ**. Antinoüs à cheval, allant à droite, et tenant un caducée. B. M.B.

ANTONIN

(138 - 161)

375. ANTONINVS AVG. PIVS. P. P. TR. P. COS. III. Son buste nu et drapé, à gauche.
℞. APOLLINI AVGVSTO. Apollon debout, de face, regardant à gauche et tenant une patère et une lyre. (*de J.-C., 140-143*) (58). T.B. AV.

376. DIVVS ANTONINVS. Sa tête nue, à droite.
℞. CONSECRATIO. Bûcher à quatre étages, en pyramide, orné de guirlandes, de draperies et de statues séparées par des colonnes; au milieu, une porte; sur le sommet, Antonin dans un quadrige. (163). F.D.C. AV.

377. ANTONINVS AVG. PIVS P. P. TR. P. XII. Sa tête laurée, à droite.
℞. COS. IIII. L'Abondance debout, à gauche. (*de J.-C., 149*) (284). F.D.C. Æ.

378. ANTONINVS AVG. PIVS P. P. TR. P. XVI. Son buste nu, à gauche, drapé et cuirassé.
℞. COS. IIII. Antonin debout, à gauche, tenant un globe. (308). F.D.C. AV.

379. DIVVS ANTONINVS. Sa tête nue, à droite.
℞. DIVO PIO. Colonne placée sur une base et surmontée de la statue d'Antonin. (354). *Patine verte.* T.B. G.B.

380. ANTONINVS AVG. PIVS P. P. TR. P. COS III. Sa tête laurée, à droite.
℞. IMPERATOR. II. S. C. Truie accroupie, à droite, nourrissant ses petits. (450). B. M.B.

381. ANTONINVS AVG. PIVS P. P. TR. P. COS. III. Sa tête laurée, à droite.
℞. ITALIA. L'Italie tourelée, assise, à gauche, sur un globe parsemé d'étoiles, tenant une corne d'abondance et un sceptre. (*de J.-C., 140-143*) (464).
Patine foncée. T.B. G.B.

382. ANTONINVS AVG. PIVS P. P. Sa tête laurée, à droite.
℞. LIB. IIII. TR. POT. COS. IIII. La Libéralité debout, à gauche. (*de J.-C., 145*) (491). B. AR.

383. ANTONINVS AVG. PIVS P. P. TR. P. XXII. Son buste lauré, à droite.
℞. TEMPL. DIVI AVG. REST. COS. IIII. Temple à huit colonnes. (799). T.B AV.

384. ANTONINVS AVG. PIVS P. P. Son buste drapé, à droite.
℞. TR. POT. COS. III. Enée, marchant à droite, portant Anchise sur ses épaules et donnant la main à Ascagne. (908). B. AV.

385. ANTONINVS AVG. PIVS P. P. Sa tête laurée, à droite.

℞. TR. POT. COS. III. Romulus, nu-tête, courant à droite et portant une haste et un trophée. (910). F.D.C. AV.

386. ANTONINVS AVG. PIVS P. P. TR. P. COS. III. Son buste lauré, à droite.
℞. VICTORIA AVG. Victoire dans un quadrige au galop, à droite, tenant un fouet. (*de J.-C., 140-143*) (1081). F.D.C. AV.

FAUSTINE MÈRE

387. DIVA FAVSTINA. Son buste, à droite.
℞. AVGVSTA. Cérès debout, à gauche, tenant deux torches. (75). F.D.C. AV.

388. DIVA FAVSTINA. Son buste, à droite.
℞. AVGVSTA. Cérès voilée debout, à gauche, tenant une torche et un sceptre. (95). F.D.C. AV.

389. DIVA. AVG. FAVSTINA. Son buste, à droite.
℞. CONSECRATIO. Faustine debout, de face, avec une autre personne penchée en avant, dans un quadrige au galop, à gauche. (168). T.B. AV.

390. DIVA FAVSTINA. Son buste, à droite.
℞. CONSECRATIO. Paon marchant à droite, regardant en arrière. (175). AR.

391. DIVA FAVSTINA. Son buste, à droite.
℞. CONSECRATIO. Paon marchant à gauche et regardant en arrière. (177). B. AV.

392. DIVA AVGVSTA FAVSTINA. Son buste, à droite.
℞. PIET. AVG. S. C. Autel allumé. (256). T.B. M.B.

393. DIVA AVG. FAVSTINA. Son buste, à droite.
℞. PVELLAE FAVSTINIANAE. Antonin et Faustine sur une estrade, recevant deux jeunes filles que deux hommes leur présentent. (262). *Fruste.* AR.

394. FAVSTINA AVGVSTA. Son buste, à droite.
℞. VENERI AVGVSTAE. Vénus debout, à droite, relevant son voile et tenant une pomme. (280). T.B. AV.

395. DIVA AVG. FAVSTINA. Son buste, à droite.
℞. Temple à six colonnes. (317). T.B. AV.

MARC AURÈLE

(César 139—161 ; Empereur 161—180.)

396. AVRELIVS CAESAR ANTONINI AVG. PII FIL. Son buste jeune, nu et drapé, à gauche.
℞. CLEM. TR. POT. VI. COS II. La Clémence debout, de face, tenant une patère et regardant à gauche. (26 *var.*). F.D.C. AV.

397. AVRELIVS CAESAR AVG. PII F. Son buste jeune, nu et drapé, à droite.
℞. COS. II. Pallas debout, à droite, tenant une haste et appuyée sur un bouclier. (*de J.-C., 145-146*) (101). F.D.C. AV.

398. M. ANTONINVS AVG. GERM. SARM. Son buste lauré, drapé et cuirassé, à droite.
℞. DE GERM. TR. P. XXX. IMP. VIII. COS. III. P. P. Monceau d'armes. (*de J.-C., 176*) (154). T.B. AV.

399. M. ANTONINVS AVG. GERM. SARM. Son buste lauré, drapé et cuirassé, à droite.
℞. DE SARM. TR. P. XXX. IMP. VIII. COS. III. P. P. Trophée au pied duquel sont assis, chacun sur un bouclier, un Sarmate en pleurs, à gauche, et un Sarmate les mains liées derrière le dos, à droite. (*de J.-C., 176*) (164). F.D.C. AV.

400. M. ANTONINVS AVG. GERM. SARM. TR. P. XXXI. Sa tête laurée, à droite.

℞. DE SARMATIS IMP. VIII. COS. III. P. P. Monceau d'armes. (174). *Patine vert foncé.* T.B. G.B.

401. M. ANTONINVS AVG. TR. P. XXVI. Son buste lauré, drapé et cuirassé, à droite.

℞. IMP. VI. COS. III. Marc Aurèle debout, en habit militaire, à gauche, tenant un foudre et une haste renversée, et couronné par la Victoire debout qui tient une palme. Dans le champ, un globe. (*de J.-C., 172*) (308). F.D.C. AV.

402. AVRELIVS CAESAR AVG. PII. F. COS. II. Sa tête nue, à droite.

℞. S. C. Pallas, debout, à droite, lançant un javelot et tenant un bouclier. (*de J.-C., 145-146*) (576). *Patine verte.* T.B. G.B.

403. AVRELIVS CAESAR AVG. PII FIL. Son buste nu, drapé et cuirassé, à droite.

℞. TR. POT. VIII. COS. II. Rome debout, en habit militaire, à gauche, tenant une Victoire et un parazonium. (672). F.D.C. AV.

404. M. AVREL. ANTONINVS AVG. ARMENIACVS P. M. Son buste lauré, à droite.

℞. TR. P. XVIII. IMP. II. COS. III. S. C. Mars tenant une haste et appuyé sur un bouclier. (838). *Patine vert foncé.* B. G.B.

405. M. AVREL. ANTONINVS AVG. ARMENIACVS. P. M. Son buste radié et cuirassé, à droite.

℞. TR. P. XVIII. IMP. II. COS. III. S. C. Mars debout, à droite. (840). T.B. M.B.

406. IMP. M. ANTONINVS AVG. TR. P. XXV. Son buste lauré, drapé et cuirassé, à droite.

℞. VOTA. SVSCEP. DECENN. II. COS. III. Marc Aurèle debout, à gauche, voilé, sacrifiant sur un trépied. (*de J.-C., 171*) (1035). F.D.C. AV.

FAUSTINE JEUNE

407. FAVSTINA AVGVSTA. Son buste, à gauche.
℞. AVGVSTI PII FIL. Diane debout, à gauche, tenant une flèche et un arc. (19). T.B. AV.

408. FAVSTINAE AVG. PII AVG. FIL. Son buste, à droite.
℞. HILARITAS S. C. L'Allégresse debout, à droite. (115). B. M.B.

409. FAVSTINA AVGVSTA. Son buste, à droite.
℞. IVNONI REGINAE. Junon debout, à gauche. (143). B. M.B.

410. FAVSTINA AVGVSTA. Son buste diadémé, à droite.
℞. IVNONI REGINAE. Junon assise, à gauche. (145). B. AR.

411. FAVSTINA AVGVSTA. Son buste, à droite, avec les cheveux ondés.
℞. MATRI MAGNAE. Cybèle assise, à gauche. (172). B. AR.

412. FAVSTINAE AVG. PII AVG. FIL. Son buste, à droite.
℞. VENVS. S. C. Vénus debout, à gauche, tenant une pomme et un gouvernail posé sur un dauphin. (268). *Patine verte.* B. G.B.

LUCIUS VÉRUS
(161—169)

413. DIVVS VERVS. Sa tête nue, à droite.
℞. CONSECRATIO. Bûcher orné de statues et de draperies. (59). *Patine verte.* T.B. G.B.

414. L. VERVS AVG. ARM. PARTH. MAX. Son buste lauré et drapé, à droite.

℞. FORT. RED. TR. P. VIII. IMP. V. COS. III. La Fortune assise, à gauche, tenant un gouvernail et une corne d'abondance. (*de J.-C., 168*) (110 *var.*).

F.D.C. AV.

415. IMP. CAES. L. AVREL. VERVS AVG. Sa tête nue, à droite.

℞. PROFECTIO AVG. TR. P. III. COS. II. S. C. Lucius Vérus à cheval, à droite. (139). B. M.B.

416. IMP. L. AVREL. VERVS AVG. Sa tête nue, à droite.

℞. PROV. DEOR. TR. P. II: COS. II. La Providence debout, à gauche. (155). B. Æ.

417. L. VERVS AVG. ARM. PARTH. MAX. Sa tête laurée, à droite.

℞. TR. POT. VI. IMP. III. COS. II. S. C. Parthe assis, à droite, au pied d'un trophée, les mains liées derrière le dos; derrière, un bouclier. (*de J.-C., 166*) (199).

Patine verte. T.B. G.B.

418. L. VERVS AVG. ARMENIACVS. Son buste lauré et cuirassé, à droite.

℞. TR. P. IIII. IMP. II. COS. II. S.C. Hercule nu, debout, de face, regardant à droite; il est coiffé de la peau du lion, qui lui descend sur le bras gauche, et tient une branche de laurier et une massue. (237). F.D.C. AV.

419. L. AVREL. VERVS AVG. ARMENIACVS. Sa tête radiée, à droite.

℞. TR. P. IIII. IMP. II. COS. II. Victoire, à droite, écrivant sur un bouclier. VIC. AVG. (253). B. M.B.

LUCILLE

420. LVCILLAE AVG. ANTONINI AVG. F. Son buste, à droite.

℞. PIETAS. La Piété voilée, debout, à gauche, auprès d'un autel allumé, levant la main droite et tenant une boîte à parfums. (54). *Patine vert clair*. T.B. G.B.

421. LVCILLAE AVG. ANTONINI AVG. F. Son buste, à droite.

℞. VENVS. Vénus debout, à gauche, tenant une pomme et un sceptre. (69). F.D.C. AV.

COMMODE

(180—192)

422. M. COMM. ANT. P. FEL. AVG. BRIT. Son buste lauré et drapé, à droite.

℞. CONC. MIL. P. M. TR. P. XI. IMP. VII. COS. V. P. P. Commode debout entre quatre soldats dont les deux premiers portent des enseignes et se donnent la main; les deux autres sont armés chacun d'une haste et d'un bouclier. (*de J.-C., 186*) (59). B. AV.

423. L. AEL. AVREL. COMM. AVG. P. FEL. Son buste, à droite, avec la peau du lion.

℞. HERCVLI ROMANO AVG. Arc, massue et carquois. (195). B. AR.

424. M. COMM. ANT. P. FEL. AVG. BRIT. Son buste lauré et drapé, à droite.

℞. IOVI EXVPER P. M. TR. P. XIII. IMP. VIII. COS. V. P. P. Jupiter assis, à gauche, tenant une branche de laurier et un sceptre. (*Inédite.*) F.D.C. AV.

425. IMP. CAES. L. AVREL. COMMODVS GERM. SARM. Son buste jeune, lauré, drapé et cuirassé, à droite.

℞. LIBERALITAS AVG. TR. P. II. COS. S. C. Marc Aurèle et Commode, assis sur une estrade; derrière eux, le préfet du prétoire; devant, la Libéralité; au bas de l'estrade, un homme qui monte les degrés. (*de J.-C., 177*) (295). B. G.B.

426. M. COMMODVS ANTONINVS AVG. Son buste lauré et cuirassé, à droite.

℞. LIBERAL. V. TR. P. VII. IMP. IIII. COS. III. P. P. Commode assis, à gauche, sur une estrade; derrière lui, un soldat debout tenant une haste; devant lui, la Libéralité debout, tenant une tessère et une corne d'abondance; plus bas, un citoyen montant les degrés de l'estrade. (*de J.-C., 182*) (313). F.D.C. AV.

427. M. COMMODVS ANTONINVS AVG. Sa tête radiée, à droite.

℞. PROV. DEOR. TR. P. VI. IMP. IIII. COS. III. P. P. S. C. La Providence debout, à gauche. (628). B. M.B.

428. M. COMMODVS ANTONINVS AVG. Son buste lauré et drapé, à droite.

℞. SECVRITAS PVBLICA TR. P. VI. IMP. IIII. COS. III. P. P. La Sécurité assise, à droite, soutenant sa tête de sa main droite et tenant un sceptre. (*de J.-C., 181*) (700). F.D.C. AV.

429. L. AVREL. COMMODVS AVG. Son buste lauré et drapé, à droite.

℞. TR. P. V. IMP. III. COS. II. P. P. Victoire assise, à gauche, tenant une patère et une palme. (*de J.-C., 189*) (778). F.D.C. AV.

430. M. COMMODVS ANTONINVS AVG. Sa tête laurée, à droite.

℞. TR. P. VII. IMP. IIII. COS. III. P. P. Mars nu, marchant à droite. (821). B. Æ.

CRISPINE

431. CRISPINA AVGVSTA. Son buste, à droite.
℞. CONCORDIA. La Concorde debout, à gauche. (5). Æ.

432. CRISPINA AVGVSTA. Son buste, à droite.
℞. HILARITAS. L'Allégresse debout, à gauche, tenant une longue palme et une corne d'abondance. (19). T.B. G.B.

433. CRISPINA AVGVSTA. Son buste, à droite.
℞. VENVS FELIX. Vénus assise, à gauche, tenant une Victoire et un sceptre; sous le siège, une colombe. (39). F.D.C. AV.

PERTINAX

(193)

434. IMP. CAES. P. HELV. PERTIN. AVG. Sa tête laurée, à droite.
℞. AEQVIT. AVG. TR. P. COS. II. L'Equité debout, à gauche, tenant une balance et une corne d'abondance. (1). F.D.C. AV.

435. IMP. CAES. P. HELV. PERTIN. AVG. Sa tête laurée, à droite.
℞. LAETITIA TEMPOR. COS. II. La Joie debout, à gauche, tenant une couronne et un sceptre. (19). F.D.C. AV.

436. IMP. CAES. P. HELV. PERTIN. AVG. Sa tête laurée, à droite.

℞. LAETITIA TEMPOR. COS. II. La Joie debout, à gauche, tenant une couronne et un sceptre. (20).
T.B. Æ.

437. IMP. CAES. P. HELV. PERTIN. AVG. Sa tête laurée, à droite.
℞. OPI DIVIN. TR. P. COS. II. L'Assistance divine assise, à gauche. (33). B. Æ.

438. IMP. CAES. P. HELV. PERTINAX. AVG. Sa tête laurée, à droite.
℞. OPI DIVIN. TR. P. COS. II. S. C. L'Assistance divine assise, à gauche, tenant deux épis. (34).
Patine foncée. T.B. G.B.

439. IMP. CAES. P. HELV. PERTIN. AVG. Sa tête laurée, à droite.
℞. PROVID. DEOR. COS. II. La Providence debout, à gauche, levant les deux bras vers un globe radié. (39). F.D.C. AV.

440. IMP. CAES. P. HELV. PERTIN. AVG. Sa tête radiée, à droite.
℞. PROVIDENTIAE DEORVM COS. II. S. C. La Providence debout, à gauche, levant les deux mains vers un globe radié. (51). T.B. M.B.

DIDE JULIEN

(193)

441. IMP. CAES. M. DID. SEVER. IVLIAN. AVG. Son buste lauré, drapé et cuirassé, à droite.
℞. CONCORD. MILIT. La Concorde debout, à gauche, tenant deux enseignes militaires, l'une surmontée d'un aigle et l'autre d'une couronne. (1). T.B. AV.

442. IMP. CAES. M. DID. IVLIAN. AVG. Sa tête laurée, à droite.
℞. CONCORD. MILIT. La Concorde debout, à gauche, tenant deux enseignes, surmontées l'une d'un aigle et l'autre d'un étendard. (2). B. AR.

443. IMP. CAES. M. DID. SEVER. IVLIAN AVG. Sa tête laurée, à droite.
℞. P. M. TR. P. COS. S. C. La Fortune debout, à gauche, tenant un gouvernail et une corne d'abondance. (12). T.B. G.B.

MANLIA SCANTILLA

444. MANL. SCANTILLA AVG. Son buste, à droite.
℞. IVNO REGINA. Junon voilée debout, à gauche, tenant une patère et un sceptre; à ses pieds, un paon. (1). F.D.C. AV.

PESCENNIUS NIGER

(193—194)

445. IMP. CAES. C. PESC. NIGER IVST. AVG. Sa tête laurée, à droite.
℞. BONI EVENTVS. La Bonne Foi tenant deux épis et une corbeille de fruits. (10 *var.*). B. AR.

446. Même pièce. (10). AR.

447. IMP. CAES. PESCE. NIGER IVST. AVG. Son buste lauré et drapé, à droite.
℞. ROMAE AETERNAE. Rome assise, à gauche, tenant une Victoire et une haste. (59). F.D.C. AV.

ALBIN

(193—196)

448. IMP. CAES. D. CLO. SEP. ALB. AVG. Sa tête laurée, à droite.
℞. FIDES. LEGION. COS. II. Deux mains jointes, tenant une aigle légionnaire. (25). F.D.C. Æ.

449. IMP. CL. SEPT. ALBIN. CAES. Sa tête nue, à droite.
℞. SAECVLO FRVGIFERO COS. II. Divinité barbue, coiffée de la tiare surmontée d'un voile, vêtue de la tunique talaire, assise sur un trône, entre deux sphinx, la main droite levée. (68). T.B. AV.

SEPTIME SÉVÈRE

(193—211)

450. DIVO SEVERO PIO. Sa tête nue, à droite.
℞. CONSECRATIO. Aigle éployé, à gauche, sur un foudre. (81). F.D.C. AV.

451. SEVERVS PIVS AVG. Sa tête laurée, à droite.
℞. INDVLGENTIA AVGG. IN CARTH. La déesse de Carthage sur un lion galopant à droite; elle regarde à droite et tient un foudre et un sceptre. (*Inédite*). B. Æ.

452. IMP. CAE. L. SEP. SEV. PERT. AVG. Sa tête laurée, à droite.
℞. LIBERAL. AVG. COS. La Libéralité debout, à gauche, tenant une tessère et une corne d'abondance. (*de J.-C., 193*) (180). F.D.C. AV.

453. IMP. CAES. L. SEPT. SEV. PERT. AVG. Sa tête laurée, à droite.

℞. LIBERAL. AVG. TR. P. COS. S. C. La Libéralité debout, à gauche, tenant une tessère et une corne d'abondance. (*de J.-C., 193*) (284).
Patine vert foncé. T.B. G.B.

454. SEVERVS PIVS AVG. Sa tête laurée, à droite.
℞. LIBERALITAS AVG. VI. Septime Sévère entre Caracalla et Géta, tous trois assis sur une estrade; derrière eux, un soldat debout; devant eux, la Libéralité debout, tenant une tessère et une corne d'abondance; plus bas, une figure qui monte les marches de l'estrade. (*de J.-C., 208*) (300). F.D.C. AV.

455. SEVERVS PIVS AVG. Sa tête laurée, à droite.
℞. PACATOR ORBIS. Buste radié et drapé du Soleil, à droite. (*de J.-C., 201*) (355). F.D.C. AV.

456. SEVERVS PIVS AVG. Sa tête laurée, à droite.
℞. VICTORIAE AVGG. Victoire dans un bige au galop, à droite, tenant un fouet. (*de J.-C., 201*) (712). F.D.C. AV.

457. SEVERVS PIVS AVG. Sa tête laurée, à droite.
℞. VIRTVS AVGVSTORVM. Sévère, Caracalla et Géta, galopant à gauche. (*de J.-C., 201*) (770). B. AV.

SEPTIME SÉVÈRE ET CARACALLA

458. IMPP. INVICTI PII AVGG. Bustes laurés accolés, à droite, de Sévère et de Caracalla jeune; celui de Sévère, lauré, drapé et cuirassé, et celui de Caracalla drapé.
℞. VICTORIA PARTHICA MAXIMA. Victoire courant à gauche et tenant une couronne et une palme. (8). F.D.C. AV.

SEPTIME SÉVÈRE, CARACALLA ET GÉTA

459. SEVERVS PIVS AVG. P. M. TR. P. VIIII. Sa tête laurée, à droite.
℞. AETERNIT. IMPERI. Bustes en regard de Caracalla lauré et de Géta tête nue. (*Inédite*). F.D.C. AV.

JULIA DOMNA

460. IVLIA AVGVSTA. Son buste, à droite.
℞. MATER AVGG. Cybèle, assise sur un char, traîné par quatre lions, allant à gauche, tenant un rameau et accoudée au tympanon. (116). F.D.C. AV.

461. IVLIA AVGVSTA. Son buste, à droite.
℞. MATER DEVM. Cybèle assise, à gauche. (123). Æ.

462. JVLIA DOMNA. AVG. Son buste, à droite.
℞. VENERI VICTR. Vénus à demi nue, vue par derrière, debout, à droite, tenant une pomme et une palme, et appuyée sur une colonne. (193). F.D.C. AV.

CARACALLA

(211—217)

463. ANTONINVS PIVS AVG. Son buste jeune, lauré, drapé et cuirassé, à droite.
℞. INDVLGENTIA AVGG. IN CARTH. La déesse de Carthage, assise sur un lion en course, à droite, tenant un rameau et un tympanon. (*Var. inéd.*). F.D.C. AV.

464. IMP. CAE. M. AVR. ANT. AVG. P. TR. P. Son buste jeune, à droite, lauré, drapé et cuirassé.

℞. MINER. VICTRIX. Minerve debout, à gauche, tenant une Victoire et une haste; à ses pieds, un bouclier; derrière elle, un trophée. (*de J.-C., 198*) (158). F.D.C. AV.

465. ANTONINVS PIVS FEL. AVG. Son buste lauré, drapé et cuirassé, à droite.
℞. P. M. TR. P. XVI. COS. IIII. P. P. La Liberté debout, à gauche, tenant un bonnet et un sceptre. (225). F.D.C. AV.

466. ANTONINVS PIVS AVG. GERM. Son buste lauré et cuirassé, à gauche.
℞. P. M. TR. P. XVIIII. COS. IIII. P. P. Le Soleil montant dans un quadrige au galop, à gauche. (353). T.B. AV.

467. ANTONINVS PIVS AVG. Son buste imberbe lauré et drapé, à droite.
℞. PONTIF. TR. P. VIII. COS. II. Mars nu, l'épaule gauche couverte d'un manteau, debout à gauche, posant le pied sur un casque et tenant un rameau et une haste. (*de J.-C., 205*) (419). F.D.C. AV.

468. ANTONINVS PIVS AVG. BRIT. Sa tête laurée, à droite.
℞. PONTIF. TR. P. XIIII. COS. III. La Valeur debout, à droite. (494). B. AR.

469. M. AVR. ANTON. CAES. PONTIF. Son buste jeune, nu, drapé et cuirassé, à droite.
℞. PRINCIPI IVVENTVTIS. Caracalla debout, à gauche, tenant une baguette et un sceptre; derrière lui, un trophée. (*de J.-C., 197*) (504). F.D.C. AV.

470. ANTONINVS PIVS AVG. Son buste imberbe, lauré, drapé et cuirassé, à droite.

℞. RESTITVTOR VRBIS. Rome assise, à gauche, tenant une Victoire et une haste; à côté d'elle, un bouclier. (*de J.-C., 209*) (548). F.D.C. AV.

PLAUTILLE

471. PLAVTILLA AVGVSTA. Son buste, à droite.
℞. CONCORDIA AVGG. La Concorde assise, à gauche, tenant une patère et une double corne d'abondance. (4). B. AV.

GÉTA

(198—212)

472. L. SEPTIMIVS GETA CAES. Son buste jeune, nu et drapé, à droite.
℞. FELICITAS TEMPOR. La Félicité debout, à droite, tenant un caducée et donnant la main à Géta debout, qui tient une corne d'abondance. (48). F.D.C. AV.

MACRIN

(217)

473. IMP. C. M. OPEL. SEV. MACRINVS AVG. Son buste lauré, drapé et cuirassé, à droite.
℞. LIBERALITAS AVG. Macrin et Diaduménien assis, à gauche, sur une estrade; derrière eux, un soldat debout; devant, la Libéralité; au pied de l'estrade, une figure debout tendant les mains. (43). F.D.C. AV.

474. IMP. CAES. M. OPEL. SEV. MACRINVS AVG. Son buste lauré et cuirassé, à droite.
℞. PONTIF. MAX. TR. P. II. COS. P. P. Macrin dans un quadrige au pas, à gauche. (88 *var.*). B. M.B.

475. IMP. C. M. OPEL. SEV. MACRINVS AVG. Son buste radié et drapé, à droite.
℞. SALVS PVBLICA. La Santé assise, à gauche, (115). B. Æ.

DIADUMÉNIEN

(217)

476. M. OPEL. DIADVMENIANVS CAES. Son buste nu et drapé, à droite
℞. PRINC. IVVENTVTIS. Diaduménien debout, de face, tenant une enseigne militaire et un sceptre; à droite, deux enseignes militaires. (6). B. Æ.

477. M. OPEL. ANTONINVS DIADVMENIANVS CAES. Son buste nu, drapé, à droite.
℞. PRINCIPI IVVENTVTIS. Diaduménien debout, de face. (9). B. M.B.

ÉLAGABALE

(218—222)

478. IMP. ANTONINVS PIVS AVG. Son buste lauré et cuirassé, à droite.
℞. CONSERVATOR AVG. Quadrige au pas, à gauche, sur lequel est la pierre conique ornée d'un aigle; dans le champ, une étoile. (16). F.D.C. AV.

479. IMP. CAES. M. AVR. ANTONINVS AVG. Son buste radié et drapé, à droite.
℞. MARS VICTOR. Mars nu, marchant à droite. (112). B. Æ.

480. IMP. CAES. M. AVR. ANTONINVS PIVS AVG. Son buste lauré et drapé, à droite.
℞. PAX AVGVSTI S. C. La Paix, marchant à gauche. (122). B. M.B.

481. IMP. ANTONINVS PIVS AVG. Son buste lauré, drapé et cuirassé, à droite.

℞. P. M. TR. P. III. COS. III. P. P. Elagabale lauré, assis, à gauche, dans une chaise curule, tenant un globe et un sceptre; dans le champ, une étoile. (166).

F.D.C. Æ.

482. IMP. CAES. M. AVR. ANTONINVS. PIVS AVG. Son buste lauré et drapé, à droite.

℞. P. M. TR. P. III. COS. III. P. P. Elagabale dans un quadrige au pas, à gauche, tenant un rameau et un sceptre; dans le champ, une étoile. (173).

Patine noire. T.B. G.B.

483. IMP. ANTONINVS PIVS AVG. Son buste lauré et cornu, drapé et cuirassé, à droite.

℞. P. M. TR. P. V. COS. IIII. P. P. Elagabale dans un quadrige au pas, à gauche, tenant un rameau et un sceptre. (*de J.-C., 222*) (217). F.D.C. Æ.

484. IMP. ANTONINVS PIVS AVG. Son buste lauré, drapé et cuirassé, à droite.

℞. P. M. TR. IIII. COS. III. P. P. Le Soleil debout, de face, regardant à droite et tenant un fouet; dans le champ, une étoile. (*de J-C., 221*) (181). F.D.C. Æ.

485. ANTONINVS PIVS FEL. AVG. Son buste lauré, drapé et cuirassé, à droite.

℞. SANCT. DEO SOLI ELAGABAL. Quadrige portant la pierre conique. (268). Æ.

JULIA PAULA

486. IVLIA PAVLA AVG. Son buste, à droite.

℞. CONCORDIA. La Concorde assise, à gauche, (6). B. Æ.

AQUILIA SÉVÈRA

487. IVLIA AQVILIA SEVERA AVG. Son buste, à droite.
℞. CONCORDIA. La Concorde debout, à gauche, devant un autel. (2). Æ.

SOÈMIAS

488. IVLIA SOEMIAS AVG. Son buste, à droite.
℞. VENVS CAELESTIS. Vénus debout, à gauche, tenant une pomme et un sceptre. (8). B. Æ.

489. IVLIA SOEMIAS AVG. Son buste diadémé, à droite.
℞. VENVS CAELESTIS. S. C. Vénus diadémée assise, à gauche, tenant une pomme et un sceptre; à ses pieds, un enfant. (18). B. G.B.

MAESA

490. IVLIA MAESA AVG. Son buste, à droite.
℞. IVNO. Junon voilée, debout, à gauche, tenant une patère et un sceptre. (15). T.B. A/.

491. IVLIA MAESA AVG. Son buste, à droite.
℞. PVDICITIA. La Pudeur assise, à gauche. (36). B. Æ.

492. IVLIA MAESA AVG. Son buste, à droite.
℞. SAECVLI FELICITAS. La Félicité debout, à gauche, tenant un caducée de la main gauche, et sacrifiant sur un autel paré et allumé. Dans le champ, une étoile. (47). *Patine noire.* T.B. G.B.

ALEXANDRE SÉVÈRE

(222—235)

493. IMP. C. M. AVR. SEV. ALEXAND. AVG. Son buste lauré et drapé, à droite.

℞. AEQVITAS AVG. L'Equité debout, à gauche, tenant une balance et une corne d'abondance. (8). F.D.C. AV.

494. IMP. SEV. ALEXANDER AVG. Son buste lauré, à droite.
℞. IVSTITIA AVGVSTI S. C. La Justice assise, à gauche, tenant une patère et un sceptre. (106, *var. inéd.*) *Patine vert clair*. B. G.B.

495. IMP. C. M. AVR. SEV. ALEXAND. AVG. Son buste lauré, drapé et cuirassé, à droite.
℞. P. M. TR. P. II. COS. P. P. La Félicité debout, à gauche, tenant une branche d'olivier et un sceptre. (*de J.-C., 223*) (235). F.D.C. AV.

496. IMP. C. M. AVR. SEV. ALEXAND. AVG. Son buste lauré, drapé et cuirassé, à droite.
℞. P. M. TR. P. COS. P. P. Alexandre dans un quadrige au pas, à gauche, tenant un rameau et un sceptre. (225). T.B. AV.

497. IMP. C. M. AVR. SEV. ALEXAND. AVG. Son buste lauré, drapé et cuirassé, à droite.
℞. P. M. TR. P. VI. COS. II. P. P. Mars avec le manteau flottant, marchant à droite, portant une haste et un trophée. (*de J.-C., 227*) (304). F.D.C. AV.

498. IMP. C. M. AVR. SEV. ALEXAND. AVG. Son buste lauré et drapé, à droite.
℞. SALVS PVBLICA. La Santé assise, à gauche, nourrissant un serpent enroulé autour d'un autel. (529). F.D.C. AV.

499. IMP. ALEXANDER PIVS AVG. Sa tête laurée, à droite.
℞. SPES PVBLICA S. C. L'Espérance, marchant à gauche, tenant une fleur et relevant sa robe. (*de J.-C., 231*) (547). *Patine vert clair*. T.B. G.B.

500. IMP. C. M. AVR. SEV. ALEXAND. AVG. Son buste lauré et drapé, à droite.
℞. VIRTVS AVG. La Valeur casquée, debout, à droite, tenant une haste renversée et s'appuyant sur un bouclier. (575). F.D.C. AV.

ORBIANE

501. SALL. BARBIA ORBIANA AVG. Son buste diadémé, à droite.
℞. CONCORDIA AVGG. La Concorde assise, à gauche, (1). Æ.

502. SALL. BARBIA ORBIANA AVG. Son buste diadémé, à droite.
℞. CONCORDIA AVGVSTORVM. S. C. La Concorde assise, à gauche, tenant une patère et une double corne d'abondance. (5). T.B. M.B.

MAMÉE

503. IVLIA MAMEA AVG. Son buste diadémé, à droite.
℞. VESTA. Vesta debout, à gauche. (85). T.B. Æ.

MAXIMIN

(234—238)

504. MAXIMINVS PIVS AVG. GERM. Son buste radié, drapé et cuirassé, à droite.
℞. PAX AVGVSTI. La Paix debout, à gauche. (40). B. M.B.

505. IMP. MAXIMINVS PIVS AVG. Son buste lauré et cuirassé, à droite.
℞. P. M. TR. P. II. COS. P. P. Maximin debout, à gauche, entre deux enseignes. (55). B. Æ.

506. IMP. MAXIMINVS PIVS AVG. Son buste lauré, drapé et cuirassé, à droite.
℞. SALVS AVGVSTI. La Santé assise, à gauche, nourrissant un serpent qui s'élance d'un autel. (84). B. AV.

PAULINE

507. DIVA PAVLINA. Son buste voilé, à droite.
℞. CONSECRATIO. Paon de face, faisant la roue (1). B. AR.

MAXIME

508. IVL. VERVS MAXIMVS CAES. Son buste nu et drapé, à droite.
℞. PIETAS AVG. Bâton d'augure, couteau de sacrificateur, vase à sacrifice, simpule et aspersoir. (1). B. AR.

509. MAXIMVS CAES. GERM. Son buste nu et drapé, à droite.
℞. PIETAS AVG. S. C. Vase à sacrifice entre un bâton d'augure, un couteau de victimaire, une patère, à gauche; et un simpule et un aspersoir, à droite. (7). *Patine verte.* T.B. G.B.

GORDIEN D'AFRIQUE PÈRE
(238)

510. IMP. CAES. M. ANT. GORDIANVS AFR. AVG. Son buste lauré, drapé et cuirassé, à droite.
℞. VICTORIA AVGG. Victoire marchant à gauche, tenant une couronne et une palme. (14). *Patine foncée.* B. G.B.

GORDIEN D'AFRIQUE FILS

(238)

511. IMP. CAES. M. ANT. GORDIANVS. AFR. AVG. Son buste lauré, drapé et cuirassé, à droite.
℞. ROMAE AETERNAE. S. C. Rome assise, à gauche, sur un bouclier, tenant une Victoire et une haste. (9). T.B. G.B.

BALBIN

(238)

512. IMP. CAES. D. CAEL. BALBINVS AVG. Son buste radié, drapé et cuirassé, à droite.
℞. PIETAS MVTVA AVG. Deux mains jointes. (17). B. Æ.

513. IMP. CAES. D. CAEL. BALBINVS AVG. Son buste lauré, drapé et cuirassé, à droite.
℞. P. M. TR. P. COS. II. P. P. Balbin debout, à gauche, tenant un rameau et un sceptre. (21). *Patine verte.* T.B. G.B.

PUPIEN

(238)

514. IMP. C. M. CLOD. PVPIENVS AVG. Son buste lauré, drapé et cuirassé, à droite.
℞. P. M. TR. P. COS. II. P. P. La Paix debout, à gauche. (26). T.B. Æ.

515. IMP. CAES. M. CLOD. PVPIENVS AVG. Son buste lauré, drapé et cuirassé, à droite.
℞. VICTORIA AVGG. Victoire debout, à gauche, tenant une couronne et une palme. (38). *Patine verte.* B. G.B.

GORDIEN III

(238—243)

516. IMP. GORDIANVS PIVS FEL. AVG. Son buste lauré et drapé, à droite.

℞. IOVI STATORI. Jupiter debout, de face, regardant à droite, et tenant un sceptre et un foudre. (111).
Belle patine verte. T.B. G.B.

517. IMP. GORDIANVS PIVS FEL. AVG. Son buste lauré, à droite.

℞. LAETITIA AVG. N. La Joie debout, à gauche, tenant une couronne et une ancre. (119). F.D.C. AV.

518. IMP. GORDIANVS PIVS FEL. AVG. Son buste lauré, à droite.

℞. P. M. TR. P. II. COS. P. P. Gordien debout, à gauche, voilé, sacrifiant sur un trépied et tenant un sceptre. (217). *Patine verte.* T.B. G.B.

519. IMP. GORDIANVS PIVS FEL. AVG. Son buste lauré, à droite.

℞. SALVS AVGVSTI. La Santé debout, à droite, nourrissant un serpent. (325). T.B. Æ.

520. IMP. CAES. M. ANT. GORDIANVS AVG. Son buste radié, à droite.

℞. VICTORIA AVG. Victoire marchant à gauche, tenant une couronne et une palme. (*de J.-C., 238*) (357). T.B. Æ.

GORDIEN III ET TRANQUILLINE

521. **ΑVΤΟΚ. Κ. Μ. ΑΝΤ. ΓΟΡΔΙΑΝΟΝ CΑΒ. ΤΡΑΝΚVΛΛΙΝΑ CΕΒ.** Bustes affrontés de Gordien et de Tranquilline.

℞. AVP. CEΠ. KOΛ. CINΓAPA. Femme voilée et tourelée, assise sur des rochers, à gauche; dessus, le Sagittaire; au bas, un fleuve. *Frappée à Singara.* B. G.B.

PHILIPPE PÈRE

(244—249)

522. IMP. PHILIPPVS AVG. Son buste radié, à droite.
℞. AETERNITAS AVGG. Eléphant et son cornac marchant à gauche. (17). B. Æ.

523. IMP. M. IVL. PHILIPPVS AVG. Son buste lauré, à droite.
℞. ANNONA AVGG. L'Abondance debout, à gauche, tenant trois épis et une corne d'abondance; auprès d'elle, le modius rempli d'épis. (23). B. AV.

524. AVTOKK. M. IOVΛ. ΦIΛIΠΠOV CЄB. Son buste lauré et drapé, à droite.
℞. ΔHMAPX EΞOVCIAC. S. C. MON. VRB. Aigle éployé, tenant une couronne. *Frappée à Antioche.*
F.D.C. Æ.M.

OCTACILIE

525. OCTACIL. SEVERA AVG. Son buste diadémé, à droite.
℞. PIETAS AVGG. La Piété debout, à gauche. (39).
T.B. Æ.

526. MARCIA OTACIL. SEVERA AVG. Son buste diadémé, à droite.
℞. SAECVLARES AVG. S. C. Gazelle, à gauche. (*de J.-C., 248*) (66). *Patine verte.* T.B. G.B.

PHILIPPE FILS

(244—247)

527. M. IVL. PHILIPPVS CAES. Son buste nu et drapé, à droite.

℞. PRINCIPI IVVENT. Philippe en habit militaire, debout, à gauche, tenant un globe et une haste. (46). F.D.C. AV.

528. IMP. M. IVL. PHILIPPVS AVG. Son buste lauré, drapé et cuirassé, à droite.

℞. VIRTVS AVGG. Mars nu, le manteau flottant, marchant à droite, portant une haste et un trophée. S. C. (89). *Patine foncée.* T.B. G.B.

TRAJAN DÈCE

(249—251)

529. IMP. C. M. Q. TRAIANVS DECIVS AVG. Son buste lauré et cuirassé, à droite.

℞. VICTORIA AVG. S. C. Victoire marchant à pas précipités à gauche, tenant une couronne et une palme. (117). *Patine foncée.* B. G.B.

ETRUSCILLE

530. HER. ETRVSCILLA AVG. Son buste diadémé, à droite.

℞. PVDICITIA AVG. La Pudeur assise, à gauche, ramenant son voile sur son visage et tenant un sceptre transversal. (18). T.B. AV.

531. Même pièce. (18). B. AV.

532. HER. ETRVSCILLA AVG. Son buste diadémé, à droite.
℞. PVDICITIA AVG. La Pudeur assise, à gauche. (19). B. Æ.

533. HERENNIA ETRVSCILLA AVG. Son buste diadémé, à droite.
℞. PVDICITIA AVG. S. C. La Pudeur assise, à gauche, ramenant son voile sur son visage et tenant un sceptre transversal. (22).
Patine vert clair. T.B. G.B.

HERENNIUS ETRUSCUS

534. Q. HER. ETR. MES. DECIVS NOB. C. Son buste radié, à droite.
℞. PRINCIPI IVVENTVTIS. Apollon assis, à gauche, tenant une branche de laurier. (22 *var.*). B. Æ.

535. Q. HER. ETR. MES. DECIVS NOB. C. Son buste nu et drapé, à droite.
℞. PRINCIPI IVVENTVTIS. Herennius debout, à gauche, en habit militaire, tenant une baguette et une haste transversale. (25). F.D.C. AV.

536. Q. HER. ETR. MES. DECIVS NOB. C. Son buste nu, drapé et cuirassé, à droite.
℞. PRINCIPI IVVENTVTIS S. C. Herennius, en habit militaire, debout, à gauche, tenant une baguette et un sceptre. (31). *Patine verte*. B. G.B.

HOSTILIEN

(249—250)

537. C. VALENS HOSTIL. MES. QVINTVS N. C. Son buste nu, drapé, à droite.

℞. PRINCIPI IVVENTVTIS. Hostilien debout, à gauche, en habit militaire, tenant une enseigne et une haste renversée. (33). F.D.C. AV.

TRÉBONIEN GALLE

(251—254)

538. IMP. CAE. C. VIB. TREB. GALLVS AVG. Son buste lauré, à droite.
℞. LIBERTAS AVGG. La Liberté debout, à gauche, tenant un bonnet et un sceptre. (60). T.B. AV.

539. IMP. CAE. C. VIB. TREB. GALLVS. AVG. Son buste radié, à droite.
℞. LIBERTAS AVGG. La Liberté, debout, à gauche. (63). B. AR.

VOLUSIEN

(251—254)

540. IMP. CAE. C. VIB. VOLVSIANO AVG. Son buste lauré et drapé, à droite.
℞. AETERNITAS AVGG. L'Eternité debout, à gauche, tenant un globe surmonté d'un phénix et relevant sa robe. (10). F.D.C. AV.

541. IMP. CAE. C. VIB. VOLVSIANO AVG. Son buste radié et drapé, à droite.
℞. CONCORDIA AVGG. La Concorde assise, à gauche, tenant une patère et une double corne d'abondance. (24). F.D.C. AV.

542. IMP. CAE. C. VIB. VOLVSIANO AVG. Son buste lauré, à droite.
℞. IVNONI MARTIALI S. C. Junon assise, de face, dans un temple rond à deux colonnes, tenant une patère et un sceptre. (46). B. G.B.

EMILIEN

(254)

543. IMP. AEMILIANVS PIVS FEL. AVG. Son buste radié, à droite.
℞. PACI AVG. La Paix debout, à gauche. (26). B. Æ.

544. IMP. CAES. AEMILIANVS P. F. AVG. Son buste lauré, à droite.
℞. VOTIS DECENNALIBVS. Dans une couronne de lauriers. (67). T.B., *mais rogné.* G.B.

VALÉRIEN PÈRE

(253—260)

545. IMP. C. P. LIC. VALERIANVS P. F. AVG. Son buste lauré, à droite.
℞. FIDES MILITVM S. C. La Foi debout, à gauche, tenant deux enseignes militaires. (69). *Patine noire.* G.B.

546. IMP. C. P. LIC. VALERIANVS AVG. Son buste lauré et drapé, à droite.
℞. LAETITIA AVGG. La Joie debout, à gauche, tenant une couronne et une ancre. (100). B. AV.

MARINIANA

547. DIVAE MARINIANAE. Son buste diadémé et voilé, à droite.
℞. CONSECRATIO. Paon de face, avec la queue éployée. (8). B. M.B.

548. DIVAE MARINIANAE. Son buste voilé, à droite.
℞. CONSECRATIO. Paon, à droite, enlevant Mariniana au ciel. (16). B. BIL.

GALLIEN

(253—268)

549. IMP. C. P. LIC. GALLIENVS AVG. Son buste lauré et drapé, à droite, avec l'égide.
℞. CONCORDIA EXERCIT. S. C. La Concorde debout, à gauche, tenant une patère et une double corne d'abondance. (132). *Belle patine vert clair.* T.B. G.B.

550. GALLIENVS AVG. Sa tête laurée, à droite.
℞. PROVID. AVG. La Providence debout, à gauche, (859). B. BIL.

551. GENIVS P. R. Tête radiée et tourelée du génie de Rome, à droite, sous les traits de Gallien.
℞. S. C. Dans une couronne de laurier. (947). T.B. M.B.

552. GALLIENAE AVGVSTAE. Sa tête, à gauche, couronnée de roseaux.
℞. VBIQVE PAX. Victoire dans un bige au galop, à droite, tenant un fouet. (1015). F.D.C., *mais percée.* AV.

553. GALLIENVS. P. F. AVG. Son buste, à gauche, couronné de roseaux.
℞. VICTORIA AVG. Gallien, en habit militaire, debout, à gauche, tenant un globe et un sceptre transversal, couronné par la Victoire debout qui tient une palme. (1112). F.D.C., *mais percée.* AV.

554. IMP. C. P. LIC. GALLIENNVS AVG. Son buste lauré, drapé et cuirassé, à droite.
℞. VIRTVS AVGG. S. C. La Valeur casquée, debout, à gauche, tenant une haste et un bouclier. (1295). B. G.B.

SALONINE

555. CORN. SALONINA AVG. Son buste diadémé, à droite.
℞. CONCORDIA AVGG. Gallien et Salonine se donnant la main. (31). B. BIL.

556. CORNELIA SALONINA AVG. Son buste diadémé, à droite.
℞. IVNO REGINA S. C. Junon debout, à gauche, tenant une patère et un sceptre. (62). T.B. G.B.

557. SALONINA AVG. Son buste diadémé, à droite.
℞. VENVS GENITRIX. Vénus debout, à gauche, tenant une pomme et un sceptre; à ses pieds, Cupidon. (118). T.B. AV.

SALONIN

(253—259)

558. DIVO CAES. VALERIANO. Sa tête radiée, à droite.
℞. CONSECRATIO. Autel allumé. (12). T.B. BIL.

559. LIC. COR. SAL. VALERIANVS. N. CAES. Son buste nu et drapé, à droite.
℞. PIETAS AVGG. Instruments de sacrifice. (48). F.D.C. AV.

VALÉRIEN JEUNE

(260—268)

560. VALERIANVS P. F. AVG. Son buste, à droite.
℞. ORIENS AVGG. Le Soleil levant la main droite et tenant un globe. (5). B. BIL.

MACRIEN

(260—262)

561. IMP. C. FVL. MACRIANVS P. F. AVG. Son buste radié et cuirassé, à droite.

℞. SOL. INVICTO. Le Soleil debout, à gauche, levant la main droite et tenant un globe. (12). T.B. BIL.

QUIETUS

(260—262)

562. IMP. C. FVL. QVIETVS P. F. AVG. Son buste radié et drapé, à droite.

℞. INDVLGENTIAE AVG. L'Indulgence assise, à gauche, tenant une patère et un sceptre. (6). B. BIL.

POSTUME

(258—267)

563. POSTVMVS PIVS FELIX AVG. Tête laurée de Postume, à droite; accolée au buste lauré d'Hercule.

℞. FELICITAS AVG. Buste lauré de la Victoire ailée, à droite, tenant une couronne et une palme; accolé au buste diadémé de la Félicité qui tient une branche d'olivier. (45). F.D.C. AV.

564. IMP. C. POSTVMVS P. F. AVG. Son buste radié et drapé, à droite.

℞. LAETITIA AVG. Vaisseau allant à gauche. (167). BIL.

565. IMP. C. M. CASS. LAT. POSTVMVS P. F. AVG. Son buste radié et drapé, à droite.

℞. LAETITIA AVG. Vaisseau allant à gauche avec quatre rameurs. (177). G.B.

566. POSTVMVS PIVS AVG. Sa tête laurée, à droite.

℞. P. M. TR. P. IMP. V. COS. III. P. P. Postume assis, à gauche, sur une chaise curule, tenant un globe et un sceptre. (*de J.-C., 262*) (287). F.D.C. AV.

567. POSTVMVS PIVS AVG. Sa tête laurée, à droite.
℞. ROMAE AETERNAE. Rome assise, à gauche, tenant une Victoire et un sceptre; sous le siège, un bouclier. (327). F.D.C. AV.

568. IMP. C. POSTVMVS P. F. AVG. Son buste radié et drapé, à droite.
℞. SALVS POSTVMI AVG. La Santé debout, à droite, nourrissant un serpent. (350). BIL.

569. VIRTVS POSTVMI AVG. Son buste casqué et cuirassé, à droite, le casque très orné.
℞. VICTORIA AVG. Victoire tenant un fouet, dans un bige au galop, à droite. (398). B. AV.

LÉLIEN

(267)

570. IMP. C. LAELIANVS P. F. AVG. Son buste lauré et cuirassé, à droite.
℞. TEMPORVM FELICITAS. L'Espagne couchée, à gauche, tenant une branche d'olivier; derrière elle, un lapin. (2). T.B. *Percée.* AV.

VICTORIN

(265—267)

571. IMP. CAES. VICTORINVS P. F. AVG. Son buste lauré et cuirassé, à droite.
℞. COMES AVG. Victoire debout, à gauche, tenant une Victoire et une palme. (16). F.D.C. AV.

572. IMP. C. PIAV. VICTORINVS P. F. AVG. Son buste radié et drapé, à droite.
℞. INVICTVS. Le Soleil marchant, à gauche. (46). B. BIL.

MARIUS

(268)

573. IMP. C. MARIVS. P. F. AVG. Son buste radié et drapé, à droite.

℞. CONCORDIA MILITVM. Deux mains jointes. (4).
B. BIL.

TÉTRICUS PÈRE

(268—273)

574. IMP. C. TETRICVS P. F. AVG. Son buste lauré et cuirassé, à droite.

℞. VIRTVS AVG. Tétricus lauré, en habit militaire, à gauche, tenant un globe et un parazonium; à ses pieds, un captif. (206). F.D.C. AV.

CLAUDE II

(268—270)

575. DIVO CLAVDIO. Sa tête radiée, à droite.

℞. CONSECRATIO. Aigle debout se retournant. (43).
BIL.

576. IMP. CLAVDIVS AVG. Son buste lauré, drapé et cuirassé, à droite.

℞. VICTORIA AVG. Victoire marchant, à gauche, tenant une couronne et une palme. (*var. inéd.*).
F.D.C. AV.

AURÉLIEN

(270—275)

577. AVRELIANVS AVG. Son buste radié et cuirassé.

℞. ORIENS AVG. Le Soleil tenant un globe. (142).
B. P.B.

SÉVÉRINE

578. SEVERINA AVG. Son buste diadémé, à droite.
℞. CONCORDIAE MILITVM. La Concorde debout, à gauche. (7). B. P.B.

579. SEVERINA AVG. Son buste diadémé, à droite.
℞. IVNO REGINA. Junon debout, à gauche. (9). B. M.B.

TACITE
(275—276)

580. IMP. C. M. CL. TACITVS P. AVG. Son buste lauré, drapé et cuirassé, à droite.
℞. ROMAE AETERNAE. Rome assise, à gauche, tenant une Victoire et un sceptre; à côté d'elle, un bouclier. (112). F.D.C. AV.

FLORIEN
(276)

581. IMP. C. M. AN. FLORIANVS AVG. Son buste radié et drapé, à droite.
℞. PROVIDENTIA AVG. La Providence debout, à gauche. (75). P.B.

PROBVS
(276—282)

582. IMP. C. M. AVR. PROBVS P. F. AVG. Son buste lauré et drapé, à droite.
℞. SECVRITAS SAECVLI. La Sécurité assise, à gauche, tenant un sceptre et soutenant sa tête de la main gauche; à l'exergue, SIS. (*Inédite.*) F.D.C. AV.

583. IMP. PROBVS AVG. Son buste lauré, à gauche, avec la cuirasse et l'égide sur la poitrine, tenant une épée.
℞. VICTORIA GERM. Trophée entre deux captifs assis, les mains liées derrière le dos. (763). F.D.C. AV.
(*Cette pièce est sertie dans une monture antique, avec bélière.*)

CARUS

(282—283)

584. IMP. C. M. AVR. CARVS. P. F. AVG. Son buste lauré, drapé et cuirassé, à droite.
℞. PROVIDENT. AVG. La Providence debout, à gauche, tenant un globe et un sceptre transversal. (66). F.D.C. AV.

NUMÉRIEN

(282—284)

585. IMP. NVMERIANVS P. F. AVG. Son buste lauré, drapé et cuirassé, à droite.
℞. VENERI VICTRICI. Vénus debout, à gauche, tenant une Victoire et un globe. (93). T.B. AV.

CARINUS

(282—285)

586. IMP. CARINVS. P. F. AVG. Son buste lauré et cuirassé, à droite.
℞. VIRTVS AVG. Hercule nu, debout, à droite, posant le revers de sa main droite sur sa hanche, et s'appuyant sur sa massue placée sur un rocher et enveloppée de la peau du lion. (160). F.D.C. AV.

MAGNIA URBICA

587. MAGNIA VRBICA AVG. Son buste diadémé, à droite.
℞. VENVS VICTRIX. Vénus debout, à droite, relevant la draperie de sa robe et tenant un globe. (8).
F.D.C. AV.

JULIEN TYRAN

(284—285)

588. IMP. C. IVLIANVS P. F. AVG. Son buste lauré, drapé et cuirassé, à droite.
℞. LIBERTAS PVBLICA. La Liberté debout, à gauche, tenant un bonnet et une corne d'abondance; dans le champ, une étoile. (3). F.D.C. AV.

DIOCLÉTIEN

(284—305)

589. IMP. DIOCLETIANVS AVG. Son buste lauré et cuirassé, à gauche.
℞. GENIO POPVLI ROMANI. Le Génie du peuple romain, debout, à gauche. (120). T.B. M.B.

MAXIMIEN HERCULE

(286—305)

590. IMP. C. MAXIMIANVS P. F. AVG. Son buste casqué, à gauche.
℞. FIDES MILITVM AVGG ET CAESS. N. N. La Fidélité debout, de face. (123). T.B. M.B.

591. MAXIMIANVS AVGVSTVS. Sa tête laurée, à droite.
℞. IOVI CONSERVATORI NK. Jupiter debout, à gauche, le manteau déployé derrière lui, tenant un foudre et une haste; à l'exergue, SMN. (374).
F.D.C. AV.

592. MAXIMIANVS P. F. AVG. Sa tête laurée, à droite.
℞. VIRTVS MILITVM. Porte de camp sans battants, surmontée de trois tours; au second plan, deux tourelles entre deux tours; à l'exergue, TR. (626). F.D.C. AV.

ALLECTUS

(294—297)

593. IMP. C. ALLECTVS P. F. AVG. Son buste lauré, drapé et cuirassé, à droite.
℞. PAX AVG. La Paix debout, à gauche, tenant une branche d'olivier et un sceptre; à l'exergue, M L; dans le champ, D. (30). F.D.C. AV.

CONSTANCE CHLORE

(292—304)

594. CONSTANTIVS NOB. C. Son buste lauré et cuirassé, à droite.
℞. GENIO POPVLI ROMANI. Le Génie du peuple romain debout, à gauche. (104). B. M.B.

595. CONSTANTIVS NOB. CAES. Sa tête laurée, à droite.
℞. HERCVLI CONS. CAES. Hercule nu, debout, de face, regardant à gauche, appuyé sur sa massue et tenant trois pommes; il a la peau du lion suspendue au bras gauche; à l'exergue, SMAZ. (145). F.D.C. AV.

HÉLÈNE

596. FL. HELENA AVGVSTA. Son buste drapé, à droite, avec un diadème orné de perles et un collier formé de deux rangs de perles.
℞. SECVRITAS REIPVBLICE. La Sécurité voilée, debout, à gauche, tenant un rameau baissé et soutenant sa robe; à l'exergue, **SMNΓ**. (11).
T.B., *mais percée.* AV.

GALERIA VALERIA

597. GAL. VALERIA AVG. Son buste diadémé, à droite.
℞. VENERI VICTRICI. Vénus debout, à gauche, tenant une pomme et soulevant son voile; à l'exergue, SMN. (1). F.D.C. AV.

598. GAL. VALERIA AVG. Son buste diadémé, à droite.
℞. VENERI VICTRICI. Vénus debout, à gauche, tenant une pomme et soulevant son voile. (2). T.B. M.B.

SÉVÈRE II

(305—306)

599. SEVERVS AVGVSTVS. Son buste lauré, à droite.
℞. HERCVLI VICTORI NK. Hercule nu, debout, à droite, appuyé sur sa massue, la peau de lion sur le bras gauche et tenant cinq pommes; à l'exergue, S.M.N. (50). B. AV.

MAXIMIN DAZA

(305—307)

600. MAXIMINVS NOB. CAES. Sa tête laurée, à droite.

℞. SOLE INVICTO. Le Soleil radié debout, à gauche, levant la main droite et tenant la tête de Sérapis; dans le champ, Δ; à l'exergue, ALE. (155). T.B. AV.

MAXENCE

(306—312)

601. IMP. MAXENTIVS P. F. AVG. Sa tête laurée, à droite.

℞. CONSERVATOR AFRICAE SVAE. L'Afrique debout, à gauche. (46). B. M.B.

602. MAXENTIVS PRINC. INVICT. Sa tête laurée, à droite.

℞. MARTI. CONSERV. AVGG. ET CAESS. N. N. Mars marchant à droite, tenant une haste et un bouclier; à l'exergue, TR. (87). B. AV.

ROMULUS

603. IMP. MAXENTIVS DIVO ROMVLO NV FILIO. Sa tête nue, à droite.

℞. AETERNA MEMORIA. Temple à six colonnes, et à coupole ronde. (1). T.B. M.B.

LICINIUS PÈRE

(307—323)

604. LICINIVS AVGVSTVS. Sa tête laurée, à droite.

℞. IOVI CONSERVATORI AVGG. Jupiter nu, debout, à gauche, tenant une Victoire sur un globe et un sceptre; à ses pieds, un aigle. Dans le champ, N. (106). F.D.C. AV.

605. LICINIVS AVG. Son buste lauré et cuirassé, à droite.
℞. VICTORIAE LAETAE PRINC. PERP. Deux Victoires tenant un bouclier sur lequel on lit : VOT. X; à l'exergue, P. R. (175). T.B. AV.

CONSTANTIN I

(306—337)

606. *Sans légende.* Buste diadémé de Constantin, à droite.
℞. CONSTANTINVS AVG. Victoire marchant à gauche, tenant un trophée et une palme. (100). T.B. AV.

607. CONSTANTINVS P. F. AVG. Sa tête laurée, à droite.
℞. P. M. TRIB. P. COS. VI. P. P. PRO. COS. Constantin assis, à gauche, tenant un globe de la main droite et la gauche sur la garde de son épée; à l'exergue, PTR. (*Inédite*). F.D.C. AV.

608. CONSTANTINVS AVG. Son buste casqué et cuirassé, à droite.
℞. VICTORIAE LAETAE PRINC. PERP. Deux Victoires debout posant un bouclier sur un cippe; celle qui est tournée à droite écrit au dessus : VOT. X; à l'exergue, TR. (641). T.B. AV.

609. VRBS. ROMA. Buste casqué, à gauche, de la ville de Rome.
℞. La Louve et deux étoiles. (18). B. P.B.

FAUSTA

610. FLAV. MAX. FAVSTA AVG. Son buste, en cheveux, à droite, avec un collier de perles.
℞. SALVS REIPVBLICAE. Fausta debout, de face, tournée à gauche, tenant dans ses bras Constantin II et Constance II enfants; à l'exergue, SMN. (5). F.D.C. AV.

CRISPUS

(317—326)

611. FL. IVL. CRISPVS NOB. CAES. Buste de Crispus, lauré et cuirassé, à gauche, vu de dos, tenant une haste et un bouclier.

℞. PRINCIPI IVVENTVTIS. Crispus debout, à droite, en habit militaire, tenant une haste transversale et un globe; à l'exergue, SMT. (90). B. AV.

CONSTANCE II

(337—361)

612. FL. IVL. CONSTANTIVS PERP. AVG. Buste de l'empereur, casqué et cuirassé, de face, tenant une haste et un bouclier.

℞. GLORIA REIPVBLICAE. Rome et Constantinople tenant un bouclier sur lequel on lit : VOT. XXX MVLT. XXXX; à l'exergue, SMANS. (112). T.B. AV.

613. CONSTANTIVS AVG. Son buste diadémé, à droite.

℞. VICTORIA AVGVSTORVM. Victoire assise, à gauche, sur une cuirasse, écrivant VOT. XXX; à l'exergue, SMANT. (245). T.B. AV.

MAGNENCE

(350—353)

614. D. N. MAGNENTIVS P. F. AVG. Son buste nu, drapé et cuirassé, à droite.

℞. VICTORIA AVG. LIB. ROMANOR. La Victoire et la Liberté tenant un trophée; à l'exergue, TR.
T.B. AV.

VALENTINIEN Ier

(364—375)

615. D. N. VALENTINIANVS P. F. AVG. Son buste diadémé, drapé et cuirassé, à droite.
℞. RESTITVTOR REIPVBLICAE. L'empereur debout, de face, tenant le labarum et une Victoire sur un globe; à l'exergue, SMLVG. F.D.C. AV.

VALENS

(364—378)

616. D. N. VALENS P. F. AVG. Son buste diadémé et drapé, à droite.
℞. RESTITVTOR REIPVBLICAE. L'empereur debout, de face, tenant le labarum et une Victoire sur un globe; à l'exergue, R. B. F.D.C. AV.

GRATIEN

(367—383)

617. D. N. GRATIANVS P. F. AVG. Son buste diadémé, à droite.
℞. VICTORIA AVGG. Gratien et Valentinien, de face, tenant un globe; derrière eux, une Victoire; à l'exergue, TROBT. F.D.C. AV.

THÉODOSE I

(379—395)

618. D. N. THEODOSIVS P. F. AVG. Son buste diadémé, drapé et cuirassé, à droite.

℞. VICTORIA AVGG. Théodose et Valentinien jeune, assis, de face, tenant un globe; derrière eux, une Victoire vue à mi-corps; à l'exergue, COM. (19). F.D.C. AV.

MAGNUS MAXIMUS

(383—388)

619. D. N. MAG. MAXIMVS P. F. AVG. Son buste diadémé, drapé et cuirassé, à droite.
℞. VICTORIA AVGG. Maxime et Victor assis de face; derrière, une Victoire vue à mi-corps; à l'exergue, TROB. (8). F.D.C. AV.

CONSTANTIN III

(407—411)

620. D. N. CONSTANTINVS P. F. AVG. Son buste diadémé, drapé et cuirassé, à droite.
℞. VICTORIA AVGGG. Constantin debout, à droite, en habit militaire, tenant un étendard et un globe surmonté d'une Victoire; il pose le pied sur un captif; dans le champ, L. D.; à l'exergue, COMOB. (4). F.D.C. AV.

JEAN

(423—425)

621. D. N. IOHANNES P. F. AVG. Son buste diadémé.
℞. VICTORIA AVGGG. Jean, de face, tenant un étendard et une Victoire, le pied posé sur un captif; dans le champ, RV; à l'exergue, COMOB. (2) F.D.C. AV.

GRATA HONORIA

622. D. N. IVST. GRAT. HONORIA. P. F. AVG. Son buste diadémé et drapé, à droite, couronné par une main d'en haut et portant une croix sur l'épaule droite.
℞. BONO REIPVBLICAE. Victoire debout, à gauche, tenant une croix; en haut, une étoile; dans le champ, RV; à l'exergue, COMOB. (1). F.D.C. AV.

MAJORIEN

(457—461)

623. D. N. IVLIVS MAIORIANVS P. F. AVG. Son buste casqué et drapé, à droite, tenant une haste et un bouclier.
℞. VICTORIA AVGGG. Majorien, de face, tenant, de la main droite, la croix, de l'autre main, une Victoire posée sur un globe, et écrasant la tête d'un dragon; dans le champ, AR; à l'exergue, COMOB. (1).
F.D.C. AV.

LIBIUS SÉVÈRE

(461—465)

624. D. N. LIBIVS SEVERVS P. F. AVG. Son buste diadémé, à droite, avec le paludament.
℞. VICTORIA AVGGG. Sévère debout, de face, posant le pied droit sur la tête d'un dragon et tenant une croix et un globe surmonté d'une Victoire; dans le champ, MD; à l'exergue, COMOB. (6). T.B. AV.

EMPIRE D'ORIENT[1]

ARCADIUS

(395—408)

625. D. N. ARCADIVS P. F. AVG. Buste diadémé d'Arcadius, à droite.

℞. VICTORIA AVGG. Arcadius debout, à gauche, tenant le labarum et le globe nicéphore, le pied droit sur un captif; dans le champ, MD. (S. 18).

T.B. SOU D'OR.

THÉODOSE II

(408—450)

626. D. N. THEODOSIVS. P. F. AVG. Buste casqué et de face de Théodose, en costume militaire, tenant un bouclier sur lequel on voit un cavalier terrassant un ennemi, et la lance sur l'épaule droite.

℞. SALVS REIPVBLICAE. Théodose assis, de face, tenant un volumen dans sa main droite élevée, et, de l'autre main, une croix surmontée d'une étoile; à sa gauche, Valentinien III, de face et debout, tenant la main droite élevée, et, de la gauche, tenant une croix; à l'exergue, CONOB. (S. 8). T.B. SOU D'OR.

1. Les numéros cités et placés entre parenthèses sont ceux de l'ouvrage de J. Sabatier, *Description générale des monnaies byzantines*. 2 vol. in-8°, Paris, 1862.

PULCHÉRIE

627. AEL. PVLCHERIA AVG. Buste diadémé de Pulchérie, à droite, couronné par une main.
℞. VOT. XX MVLT. XXXI. Victoire debout, à gauche, tenant une longue croix; en haut, une étoile. (*Inédite.*)
F.D.C. Sou d'or.

ZÉNON

(474—479)

628. D. N. ZENO PERP. AVG. Buste diadémé de Zénon, à droite.
℞. Croix dans une couronne de lauriers; à l'exergue, CONOB. (S. 7). B. Tiers de sou d'or.

ANASTASE

(479—518)

629. D. N. ANASTASIVS P. F. AVG. Buste diadémé d'Anastase, à droite.
℞. VICTORIA AVGVSTORVM; à l'exergue, CONOB. Victoire regardant à gauche, tenant la couronne et le globe crucigère; dans le champ, une étoile. (S. 5).
B. Tiers de sou d'or.

FOCAS

(602—610)

630. **D. N. FOCAS PЄRP. AVG.** Buste barbu, de face et diadémé, de Focas tenant, de la main droite, le globe crucigère.
℞. **VICTORIA AVG. ЧЄ.** Victoire, de face, tenant une croix terminée par le monogramme du Christ et le globe crucigère; à l'exergue, **CONOB**. (S. 1). T.B. Sou d'or.

CONSTANT II, CONSTANTIN POGONAT, HERACLIUS ET TIBÈRE

631. ..... Bustes de face et diadémés des deux Augustes; entre les deux têtes, une petite croix.
ꝶ. **VICTORIA AVϚЧS**. Croix potencée sur trois degrés, entre les effigies d'Héraclius et de Tibère, tenant chacun le globe crucigère, à l'exergue, **CONOB**. (S. 18).
F.D.C. Sou d'or.

TIBÈRE V, ABSIMARE

(698—705)

632. **D. TIbЄRIЧS PЄ. AV**. Buste de face, diadémé, de Tibère V, tenant une lance et le bouclier.
ꝶ. **VICTORIA AVϚЧI**. Croix potencée sur quatre degrés; à l'exergue, **CONOB**. (S. 1). F.D.C. Sou d'or.

LÉON III, L'ISAURIEN

(716—741)

633. **D. LЄON PЄ. AV**. Buste de face et diadémé de Léon III, vêtu de la robe à carreaux, tenant le volumen et le globe crucigère.
ꝶ. **VICTORIA AVϚhZ**. Croix potencée sur trois degrés; à l'exergue, **CONOB**. (S. 1). F.D.C. Sou d'or.

THÉOPHILE

(829—842)

634. **ΘЄOFILOC**. Buste de face et diadémé de Théophile, vêtu de la robe à carreaux et tenant une longue croix potencée.

℞. ΘЄOFILOS. Buste de face et diadémé de Théophile, tenant le globe crucigère. (S. 4). T.B. Sou d'or épais.

NICEPHORE FOCAS

(963—969)

635. ΘЄOΘC. ЬHΘ. ЬICHF. dЄSP. Buste nimbé de la Vierge et de Nicéphore, tenant ensemble une longue croix grecque; à droite et à gauche de la Vierge, M.Θ.
℞. IЬS. XPS RЄX. RЄGNANZIHM. Buste de face du Christ tenant les Évangiles. (S. 3). T.B. Sou d'or.

ROMAIN III, ARGYRE

(1028—1034)

636. Θ. CЄ. ЬOЬΘ RωMAЬO. Romain III debout, tenant le volumen et le globe crucigère, couronné par la Vierge debout, à sa gauche; en haut, les initiales M. Θ.
℞. IЬS. XIS. RЄX RЄSNANTIЬm. Le Christ assis, de face, tenant les Evangiles. (S. 1). T.B. Sou d'or large.

CONSTANTIN XII, MONOMAQUE

(1042—1055)

637. CωЬSZAЬZ. BASILЄЧS Rω. Buste de face de Constantin XII, tenant une croix et le globe crucigère.
℞. IЬS. XIS. RЄX RЄSNANTIЬM. Le Christ assis, de face. (S. 1, *var.*). B. Sou d'or concave.

ALEXIS Ier, COMNÈNE

(1081—1118)

638. ΑΛЄΖΙω ΔΕCΠΟΤΗ Τω ΚΟ. ΚΟΜΝΗΝω. L'empereur, de face, en manteau impérial, tenant le *labarum* et le globe crucigère; en haut, une main divine.

℞. ΚЄΒΟΗΘЄΙ. IC. XC. Le Christ nimbé, assis, de face, la main droite élevée et tenant les Évangiles. (S. 2). T.B. Sou d'or concave.

MANUEL Ier COMNÈNE

(1143—1180)

639. ΜΑΝΟVΗΛ. ΔΕCΠΟ.....ΝΗΤѠ. L'empereur debout, de face, tenant le *labarum* et un globe surmonté de la croix grecque.

℞. ✠ ΚЄΡΟΗΘЄΙ. $\overline{IC}$. $\overline{XC}$. Buste de face et nimbé du Christ sur la Croix. (S. 2). B. Sou d'or concave.

---

640. X, dans un grènetis entouré d'une couronne de lauriers.

℞. Sujet érotique. (*Médaille spintrienne.*) Æ.

MONNAIES GAULOISES

---

641. ARVERNES. Tête laurée d'Apollon, à gauche.
℞. Cheval courant à droite; dessus, un aigle; dessous, une amphore. (*Epoque de Vercingétorix.*)
F.D.C. Statère en or pale.

642. PARISII. Buste d'Apollon, à droite, dans un grènetis.
℞. Cheval courant à droite; dessus, un étendard et une rosace. F.D.C. Demi statère d'or.

643. ATREBATES ou MORINS. Tête dégénérée où l'on ne distingue qu'une grande couronne.
℞. Représentation barbare du char conduit par un aurige. B. Statère d'or.

644. Quatre pièces à peu près semblables. B. Statère d'or.

645. BOIENS. Coquille en creux.
℞. Globule qui tient tout le champ; au centre, un point. (*En forme de lingot.*) T.B. Statère d'or.

646. PANNONIE. Tête laurée de Jupiter, d'un style barbare.
℞. ΦΙΛΙΠΠΟΥ. Cavalier barbare.
(*Imitation des tétradrachmes de Philippe de Macédoine.*)

MACON, IMPRIMERIE PROTAT FRÈRES

J Brunner

Enchère f.

5.	Tarente	AV.	380 f.
9.	Thurium	AR.	220.
12.	Brutium	AV	585
14	Crotone	AR	125
15.	Rhegium	AR.	165
19.	Gelas.	AV.	230
27.	Syracuse	AV	310.
30.	id	EL	550
33.	id	AR	190
35	id	AR	525
40.	Panticapée	AV.	2.150
41.	id	AV	1.490
42.	Aenos.	AR	319.
45.			
46.	Macédoine	AR	285
47.	Acanthe	AR	265

Planche 2e

48.	Amphipolis	AR	82
52.	Philippi	AV	72
54	Alexandre. Regus.	AV	26
55	Antigone	AR	81
59.	Pyrrhus.	AR	38
62.	Locri Opuntii	AR	18
66.	Athenes.	AV	66
72.	Eubée	AR	10
73	Paros.	AR	42
74.	Mithridate VI.	AV	1.32
75.	id	AV	83
76.	id	AR	2
80.	Lampsaque	AV	90
81.	Ilium	AR.	64
82.	Tenedos.	AR.	22

J. Brunner

89 94 98

100 101

108 110

111 115

117 130

137 139

140 140 bis

Phototypie de J. Brunner à Winterthur

Planche. III.

89. Lohese. — AV — 530

94. Rhodes. — AR — 205

98. Antiochus III le grand. — AV — 980

100. Antiochus VI — AR — 375

101. Tripoli — AR — 310

108. Ptolemée 1er. — AV — 746

110 Ptolemée III — AV — 540

111. Berenice 1re — AV — 1.405

115 Cyrène. — AV — 200

117. Carthage — AV — 150

130. Romano-Campanienne. — AV — 445

137. Cestia — AV — 125

139. Claudia — AV — 235

140. id — AV — 185

140. bis id — AV. — 155

Vendredi 11

150. bis. Mamilia (toutes ces monnaies en or)	380 f
152. Norbana	130
162. Sulpicia	435
165. Vibia	325
166. id	815
166. bis. id	520
167. Jules César	75
168. id	80
170 id	960
171 id	480
172 id	60
175. Jules César et Auguste	390
177. Brutus.	355
179. id	1.100
180. Cassius	241
181 id	190
182. Ahenobarbus.	1.120
184. Sextus Pompée, Pompée et C. Pompée	610
185 Lépide	1 290
190. Marc Antoine et Octave	305
191. Fulvie	485
193. Auguste	305
194 id	60
195. id.	95

150 bis — 152 — 162

165 — 166 — 166 bis

167 — 168 — 170

171 — 172 — 175

177 — 179 — 180

181 — 182 — 184

185 — 190 — 191

193 — 194 — 195

[illegible] J. Brunner [illegible]

196
199
200
201
202
204
207
211
215
218
224
226
227
228
234
238
240
242
245
247
251

196.	Auguste. Toutes ces monnaies sont in 82.	115.
199.	id.	170.
200	id.	115
201	id.	135
202.	id.	110.
204.	id.	124
207.	id.	345
214.	Agrippa et Auguste.	1.200.
215.	Caius César	1.900
218.	Tibère	75
224.	Tibère et Auguste	97.
226.	Néron Drusus.	150
227.	Antonia.	252.
228	id.	145
234.	Caligula	200.
239.	Caligula et Auguste	241
240	id.	210
242.	Claude.	80.
245.	id.	75
247	id.	85
251	Claude et Agrippine	128.
253.	Agrippine jeune et Néron.	145
255	Néron	62.
257	id.	50

[illegible] 12

258. Néron (toutes ces monnaies sont n° 12) 61.
259. id. 56
260 id. 68.
261 id. 63
26[illegible]. [illegible] 1.100
272. Galba 175
275 Othon 176.
276. id. 265
277. Vitellius 180
279 id. 190.
280 id. 175
283. Vitellius et ses enfants. 135
284. Vitellius et Vitellius père. 830.
285. Vespasien 65
287 id. 99.
292. id. 230
293. id. 68.
294 id. 53
295 id. 73
297. Vespasien Titus Domitien 251
298. Vespasien et Domitille 1.050.
300 Titus 78.
304 id. 73
307. id. 64

PL. VI

258
259
260
261
267
272
275
276
277
279
280
283
284
285
287
292
293
294
295
297
298
300
304
307

310
311
315
321
324
325
326
329
331
337
342
349
354
356
358
361
362
365
368
369
375

J. Brunner

Planche VII

310.	Titus. Toutes ces monnaies sont en or	225 g
311.	Julie fille de Titus	1,780
315	Domitien	161
321	id	31
324	Nerva	138
325	id	122
326.	id	112.
329.	Trajan	105
331	id	107
337	id	84
342.	Trajan et Trajan père	316
349.	Hadrien	93
354	id	85
356	id.	112
358	id.	123
361	Sabine	129
362	id	146
365	id	215
368	id	125
369.	Aelius	255
375.	Antonin	65

[illegible]

[illegible]

376. Antonin (toutes ces monnaies sont en or) 78

378 id. 80

383 id. 70

384 id. 125

385 id. 141

386 id. 119.

387 Faustine mère 122.

388 id. 112

389 id. 135

391 id. 75

394 id. 96

395 id. 100

396. Marc Aurèle 95

397 id. 83

398 id. 120

399 id. 91

401 id. 81

403 id. 76

406 id. 76.

407 Faustine jeune 105

414 Lucius Verus 95

418 id. 87

421 Lucille 92.

422. Commode 280

424
426
428
429
433
434
435
439
441
444
447
449
450
452
454
455
456
457
458
459
460
462
463
464

J Brunner

Planche IX

424.	Commode. (Toutes ces monnaies sont en or.)	260
426	id.	250
428.	id.	152
429.	id.	162.
433.	Crispine.	260.
434.	Pertinax.	295
435	id	259
439.	id	330.
441.	Didie Julien	700.
444.	Manlia Scantilla	1450.
447.	Pescennius Niger.	2.815
449.	Albin	1485
450.	Septime Severe.	325
452.	id.	190
454	id.	470
455	id.	280
456	id.	242.
457	id.	275
458	Septime Severe et Caracalla.	495
459.	Septime Severe, Caracalla, et Geta	500
460.	Julia Domna.	248.
462.	id.	233.
463	Caracalla.	320
464.	id.	243.

Planche X

465.	Caracalla (toutes ces monnaies [illegible])	280
466	id.	207
467	id.	215
469.	id.	252
470	id	355
471	Plautille	661.
472.	Geta	690
473.	Macrin	1.095
478	Elagabale	289.
481	id.	190.
483	id.	250
484.	id.	157
490	Julia Maesa.	1 400.
493.	Alexandre Sévère.	110.
495	id.	110.
496.	id.	127
497	id.	110.
498.	id.	162.
500.	id.	115
506	Maximin	500.
517.	Gordien III	105
523	Philippe père	352
527	Philippe fils	420.
530.	Etruscille	150.

465 466 467 469 470 471 472 473 478 481 483 484 490 493 495 496 497 498 500 506 517 523 527 530

J. Brunner

531 535 537

538 540 541

546 552 553

557 559 563

566 567 569

570 571 574

576 580 582

583 584 585

Phototypie de J. Brunner à Winterthur

Numéro XI.

531. Etruscille, (toutes ces monnaies sont en or.) [illegible]
535. Herennius Etruscus. 495
537. Hostilien 650
538 Trébonien Galle 305
540 Volusien 380
541 id 530
546 Valérien père 235
552 Gallien 265
553 id 245
557 Salonine 335
559. Salonin 400
563 Postume 270
566. id 240
567. id 404
569 id 693
570. Lélien 1 260
571. Victorin 651
574. Tetricus. 425
576 Claude II 750
580 Tacite 235
582. Probus. 200.
583 id 220.
584. Carus 250.
585 Numérien 250.

Panneau XII

586.	Carinus (toutes les monnaies sont en or.)	250.
587.	Magnia Urbica	515
588.	Julien	540.
591	Maximien Hercule	170.
592	id	195
593.	Allectus.	1670.
595.	Constance Chlore	295
596.	Helene	480
597	Galeria Valeria	720
599.	Severe II	220
600.	Maximin Daza	200.
602.	Maxence	500
604	Licinius père	260
605	id	250
606.	Constantin	135
607.	id	170
608.	id	180
610.	Fausta	900
611	Crispus.	209.
622.	Grata Honoria	175

Phototypie J. Brunner Winterthur

www.ingramcontent.com/pod-product-compliance
Ingram Content Group UK Ltd.
Pitfield, Milton Keynes, MK11 3LW, UK
UKHW021152260726
13994UKWH00001B/421

9 782329 461847